Karl Josef Wallner

Sinn und Glück im Glauben

Gedanken zur christlichen Spiritualität

Karl Josef Wallner

Sinn und Glück im Glauben

Gedanken zur christlichen Spiritualität

Media Maria Verlag

Bibliografische Information: Deutsche Nationalbibliothek
Die deutsche Nationalbibliothek verzeichnet diese Publikation in
der Deutschen Nationalbibliografie; detaillierte bibliografische
Daten sind im Internet über http://dnb.ddb.de. abrufbar.

Sinn und Glück im Glauben
– Gedanken zur christlichen Spiritualität –
Karl Josef Wallner
Media Maria Verlag, 6. Auflage 2025

© Copyright 2025 by Media Maria Verlag, D-89257 Illertissen
www.media-maria.de
Printed in Germany
ISBN 978-3-9811452-1-2

Inhalt

Vorwort.. 9

1. Kapitel

Ein Weg zur Freude: die Beichte!........................ 11

    Das Fehlen der Freude.............................. 11
    Das Osterlachen 13
    Die Veräußerlichung 15
    Die Krankheit 17
    Die Therapie 19
    Die Heilung...................................... 22
    Der Osterjubel.................................... 25

2. Kapitel

Was ist echte christliche Spiritualität?.................. 28

    Viel „Spiritualität" und wenig Christentum.............. 28
    Der „heilige Zorn" Balthasars........................ 32
    Die Struktur nichtchristlicher Religiosität 35
    Das unterscheidend Christliche 36
    Christologische Konkretion statt religiöser Abstraktion 38
    Kein Aufstieg!.................................... 41
    Keine Technik!.................................... 43
    Verfügtsein 44
    Sendung... 47
    Trinitarische Erfüllung statt anthropozentrischer Reduktion.. 49
    Siritualität ist nicht gleich Spiritualität!................. 50

3. Kapitel

Die Erneuerung der Kirche aus der Eucharistie.......... 52

    Verlust des Mysteriums 52
    Die Krise der Eucharistie als Krise der Kirche 53
    Die Eucharistielehre der Kirche...................... 57
    Gott ist angekommen 60

Gott ist im Fragment gegenwärtig 64
Gott wirkt in der Kraft des Geistes 67
Praktische Folgerungen 69

4. Kapitel
Die Heilige Kommunion und die Ganzhingabe 73
Was ist die heilige Kommunion? 73
Was ist die vollkommene Hingabe des hl. Ludwig Maria
  Grignion de Monfort? 77
Das Leben des hl. Grignion de Monfort. 80
Die Schriften 84
Die barocke Marienfrömmigkeit des „De Maria
  numquam satis" 86
Die wahre Marienverehrung ist Christusförmigkeit 87
Die Ganzhingabe ist eine hervorragende Disposition
  auf den Kommunionempfang 92
Die Ganzhingabe ist eine Hilfe zur tieferen Vereinigung
  mit Christus 94
Die Ganzhingabe gibt uns apostolische Fruchtbarkeit 96

5. Kapitel
Das Rosenkranzgebet ist ein Gebet der Kraft 99
Eine Betrachtung 99
Der Rosenkranz ist das katholische Gebet schlechthin 99
Der Rosenkranz ist ein altehrwürdiges und bewährtes
  Volksgebet 102
Der Rosenkranz als Gebetsschnur 107
Der Rosenkranz ist eine meditative biblische Betrachtung ... 109
Der Rosenkranz ist ein tiefes geistiges Gebet 111
Der Rosenkranz ist ein einfaches Gebet 113
Der Rosenkranz ist aufgrund seines Rhythmus ein
  intensives Gebet 114
Der Rosenkranz ist ein Gebet der Liebe 115
Der Rosenkranz ist gnadenhaft wirkmächtig 116

6. Kapitel
Die Familie als Abbild der Dreifaltigkeit 120
Gott im Herzen der Familie 120
Die Familie ist Abbild der Dreifaltigkeit 121

Die Familie als sakramentale Hauskirche 130
Die göttlichen sakramentalen Zeichen inmitten
der Familie 137
Gottes Gegenwart konkret werden lassen 140

7. Kapitel
Wie kann ich das Unheilige an der Kirche ertragen? 142
Leiden an der Kirche 142
Das Ärgernis der Heiligkeit der Kirche 145
Das Ärgernis der Unheiligkeit der Kirche............... 148
Das angstlose Vertrauen 151
Der „heilige Zorn" 152
Die „brüderliche Zurechtweisung" 154
Die Gnade der Sühne............................... 156
Das Streben nach Heiligkeit........................ 157
Das mutige Apostolat 160
Die ausstrahlende Freude........................... 161
Dank Dir, Mutter Kirche! 163

Anmerkungen 165

Vorwort

Ich bin meinen Eltern sehr dankbar, dass sie mir schon von der frühen Kindheit an Gebete beigebracht haben. Das Erste, woran ich mich erinnere, war die Geborgenheit, die ich bei den Abendgebeten mit den Eltern am Bettrand empfand. Allerdings lernt ein Kind mehr über das Gefühl als über den Verstand. Und so war ich jahrelang felsenfest davon überzeugt, dass wir im Vaterunser dem lieben Gott versprechen, einem gewissen „Schuldi" „gern" zu vergeben. Als Kind betete und verstand ich: „...wie auch wir vergeben unserem Schuldi gern". Ich wunderte mich manchmal, wer denn dieser ominöse „Schuldi" sei, aber damit ließ ich es auch schon bewenden.

Als ich dann als Jugendlicher nach jahrelangem unbewusstem Aufsagen der Gebetsformel endlich entdeckte, dass es bei dieser Vaterunser-Bitte um etwas ganz anderes ging – dass es um „unsere Schuldiger" geht und nicht um einen merkwürdigen „Schuldi" – saß der Schreck und der Schock tief! Ich ärgerte mich über mich selbst, wie ich nur so dumm sein konnte, so unwissentlich und unreflektiert meine Gebete herunterzusagen.

Diese Beschämung meiner Jugendzeit ermutigt mich, einige Vorträge, die ich zu Glaubensfragen halten durfte, nunmehr in Buchform vorzulegen. Es geht um einige grundlegende Punkte der katholischen Frömmigkeit. Nichts Besonderes. Nichts Neues. Nichts Spekulatives. Ich hoffe, dass es verständlich ist. Denn die Kirche ist kein Verein, der mit unverständlichen Formeln und Riten weit weg ist von unserer Lebenswirklichkeit. Im Gegenteil: Die Kirche weiß um den Weg zur Freude.

Daher hoffe ich, dass sich vielleicht dem einen oder der anderen durch die bunt gemischten Beiträge über Eucharistie und Kommunion, über Beichte und Ganzhingabe, über den Rosenkranz und die Kriterien der christlichen Spiritualität usw. die Augen öffnen – so wie mir damals, als ich das unverstanden Geplapperte, das ich bis dorthin praktizierte, erkannte.

Ihnen allen darf ich daher mit dem Frohmut des Glaubens versprechen, dass dort, wo sich die Geheimnisse des katholischen Glaubens Ihrem Verstand tiefer eröffnen, auch Ihrem Herz ein ungekanntes Glück geschenkt werden wird.

P. Karl Wallner OCist

Ein Weg zur Freude: die Beichte!

Das Fehlen der Freude

Wir Christen haben zur Zeit ein Defizit. Als Christus geboren wurde, rief der Engel über dem menschgewordenen Erlöser nicht: „Ich verkünde euch ein großes Problem." Nein, er rief: „Ich verkünde euch eine große Freude!" Das Christentum ist die Religion der erlösten Freude. Aber um diese Freude muss sich offensichtlich jede Generation von Christen neu bemühen, denn nicht erst Nietzsche hat uns Christen gemahnt, dass wir doch erlöster ausschauen sollen. Schon um das Jahr 140 schrieb in Rom ein frischgetaufter Sklave, der nach seiner Bekehrung offensichtlich mit großer Begeisterung Christ war, den Satz: „Der Geist Gottes ... verträgt keine Traurigkeit oder Verdrossenheit. Ergib dich also der Fröhlichkeit, die allezeit Gnade findet bei Gott und ihm wohlgefällig ist, und lass es dir in der Heiterkeit gut gehen."[1] Der Name des Sklaven war Hermas, und seine Lehrschrift ist unter dem Namen „Pastor Hermae" als erste Bußschrift in die kirchliche Literatur eingegangen.

Eine solche Mahnung brauchen wir auch heute, denn die Zeiten, in denen die Christen fröhlich waren, scheinen lange vergangen zu sein. Jeder, der heute ein wenig die kirchliche Situation beobachtet, wird wohl bestätigen müssen, dass sich im kirchlichen Raum die Heiterkeit immer mehr verflüchtigt. Im gleichen Maß, in dem die Freude verloren geht, greifen Frustration, Aggression und Zynismus um sich. Und das schadet der Kirche eminent!

Um das Jahr 200 konnte Tertullian noch zur Verteidigung der Christen anführen, dass sogar die Heiden von ihrer Einheit, ihrem Zusammenstehen, beeindruckt waren, sodass sie mit den Worten auf die Christen hinwiesen: „Seht, wie sie einander lieben!"[2] Wenn man manche innerkirchlichen Ereignisse der jüngeren Vergangenheit betrachtet, die Uneinigkeit in manchen Gemeinden, das oftmalige Gerangel zwischen Gläubigen und Priestern, Priestern und Bischöfen, ja dann sogar noch zwischen einzelnen Bischöfen und dem Papst, müsste man eher resigniert konstatieren: „Seht, wie sie miteinander streiten!"

Ein bekanntes Sprichwort lautet: „Mit einem Tropfen Honig fängt man mehr Fliegen als mit einem Fass Essig!" Was in der Kirche oft an Frustration und Spaltung betrieben wird, ist eine programmatische Form der Antiwerbung. Kein Wirtschaftsunternehmen würde auf die Idee kommen, sein Produkt so zu präsentieren wie sich die Kirche präsentiert. Vom Bildschirm strahlen uns im Zwanzig-Sekundentakt in den Werbespots „liabe Madeln" und „fesche Buam"[3] entgegen. Es ist offensichtlich: „Die Kinder dieser Welt sind im Umgang mit ihresgleichen klüger als die Kinder des Lichtes" (Lk 16,8). Denn ein Produkt, das lächelnd angepriesen wird, kauft man gerne. Wir hingegen – und das ist unsere eigentliche Tragödie – präsentieren unser Christentum in einem frustrierenden Streit wider die Einheit und wider das Evangelium, in endlosem Gerede über Immer-wieder-Dasselbe. Was soll man denn einem griesgrämigen und verhärmten Kirchenfunktionär abkaufen? Seinen Frust? Nein, ein solches Christentum weckt keine Begeisterung! Man hat das Gefühl, hier läuft eine Art Antiprogramm zu der so notwendigen Neuevangelisierung: statt Mission nach außen, Frustration nach innen.

Und was für eine Chance hätten wir doch mit unserem „Produkt", um bei dem Vokabular der Wirtschaft zu bleiben!

Gerade in der heutigen Zeit der technisch produzierten inneren Leere, des postmodernen oder vielleicht sogar schon postsäkularen Vakuums! Wir haben ja nicht irgendein Produkt anzubieten, sondern unser Geschenk an die Welt von heute ist die *Fülle der Freude* selbst. Der Herr will, dass seine Freude in uns sei und dass unsere Freude vollkommen werde (Joh 15,11). Hat er nicht auch zugesagt, dass er eine Freude schenken werde, die niemand von uns nehmen wird?! (Joh 16,22). Es wäre für die Menschen attraktiver, wenn wir ihnen durch unser innerkirchliches Verhalten beweisen würden, dass es schön und beglückend ist, Christ zu sein.

Keine Frage also: wir brauchen eine erneuerte Freude, wir brauchen die Freude, die das Urgeschenk des Heiligen Geistes ist, wie Paulus schreibt: „Die Frucht des Geistes ist Liebe, *Freude*, Friede, Langmut, Freundlichkeit, Güte, Treue, Sanftmut und Selbstbeherrschung" (Gal 5,22).

Das Osterlachen

Ich möchte im Folgenden einen konkreten Weg zur christlichen Freude aufzeigen. Da fällt mir zunächst in dieser gegenwärtigen depressiven Stimmung unweigerlich der mittelalterliche Brauch des „Risus paschalis" ein: der Brauch des Ostergelächters. In der Zeit vom 14. bis 17. Jahrhundert war dieser Brauch im süddeutschen Raum sogar quasi-offiziell in der Liturgie verankert.[4] In der Osterzeit war es üblich, dass der Priester in seine Osterpredigt einen Scherz, eine Anekdote, einen Witz oder sonst ein lustiges „Ostermärlein" einflocht, sodass die Gläubigen hellauf lachen mussten. Es konnte eine lustige Schilderung der Höllenfahrt, eine theatralische pointenreiche Erzählung des Sieges Christi über Tod und Teufel oder sonst eine belustigende Ausdeutung des Ostergedankens sein.

Für den Prediger war das ein sehr dankbarer Brauch,

denn wer freut sich nicht, wenn sein Publikum lacht. Auch die Gläubigen waren nach den Entbehrungen des Winters und der Askese der Fastenzeit dankbar für eine Aufheiterung. Für den Prediger war es aber bald auch herausfordernd, denn naturgemäß war das österliche Thema Tod und Auferstehung bald ausgeschöpft, sodass man nach neuen Motiven suchen musste. Und schon bald stellten sich Missbräuche ein: Es wurden belanglose Witze gebracht, oft nützten die Prediger die Narrenfreiheit der Osterpredigt, um mit missliebigen Gläubigen abzurechnen und sie lächerlich zu machen. Oft verdrehten sie – um der billigen Pointe willen – biblische Inhalte. So erzählte ein Pfarrer seinen Gläubigen ausführlich, mit welchen Mitteln der Apostel Petrus die Wirte um die Zeche betrogen hätte.[5] Ein anderer Pfarrer holte zu einem persönlichen Befreiungsschlag aus und erzählte, wie die Männer unter dem Pantoffel der Frauen stünden, um dann dazu überzuleiten, dass auch er von seiner Haushälterin beherrscht werde. Es fehlen nicht die Zeugnisse, dass sogar zweideutige Witze von der Kanzel herab erzählt wurden, sodass der schöne Brauch zu einer skurrilen Peinlichkeit verkam.

Mit dem Humor war es im 16. Jahrhundert ohnehin aus anderen Gründen vorbei: Er lag weder den strengen Humanisten noch den eifrigen Reformatoren. Gerade sie sahen im „Risus paschalis" einen Angriff auf den reinen Glauben und einen typischen Brauch der Papisten und bekämpften ihn auf das Heftigste – was die Auswüchse anbelangt – sicher mit Recht! Die Veräußerlichung einerseits sowie die vertiefte Frömmigkeitshaltung des katholischen Barock andererseits versetzten dem Brauch des Ostergelächters dann auch innerkirchlich den Todesstoß. Ab dem 17. Jahrhundert fand sich der Brauch nur noch sporadisch, und humorvolle, ja kabarettistische Prediger wie Abraham a Sancta Clara waren von da an die Ausnahme.

Die Veräußerlichung

Zurück in die Gegenwart. Die lebensfreudige und zugleich ewigkeitssehnsüchtige Zeit des Mittelalters ist natürlich vorbei, und ich möchte hier auch nicht einem mittelalterlichen Brauch nachtrauern. Sehr wohl aber möchte ich ein Plädoyer für eine neue Form des Osterlachens halten. Um ein äußeres Lachen und weltliches Scherzen kann es nicht gehen. Denn klerikale Witzbücher gibt es genug, die allesamt davon leben, dass die Sphäre der Kirche zu einem exotischen fremden Planeten inmitten der säkularen Wüste der Einheits-McDonald's-Kultur geworden ist. Die wahre katholische Fröhlichkeit finden wir tiefer, nämlich in jener Glaubenshaltung, aus welcher der versunkene Brauch des *„Risus paschalis"* entsprungen ist.

Ich möchte hier ein Plädoyer für die *innerliche* Freude halten, ein Plädoyer für das Osterlächeln des Herzens. Dabei liegt die Betonung ganz auf „innerlich". Was uns heute nämlich fehlt, ist dieses Innerliche, dieses innere Verständnis für das, was Christsein eigentlich ausmacht. Man könnte auch sagen: unser Problem ist, dass wir *veräußerlicht* sind.

Ich darf mich hier auf den deutschen Theologen Johann Baptist Metz beziehen, der durch seine theologischen Entwicklungen eine geniale Sensibilität für die jeweilige Zeit-Atmosphäre bewiesen hat. Metz erstellte die Analyse, dass die Kirche zuviel über sich selbst redet, jedoch zuwenig von ihrer innersten Mitte verkündet: *nämlich von Gott.* Nach Metz ist die gegenwärtige Krise keine Kirchenkrise, sondern eine Gotteskrise. Weil das gegenwärtige Christentum vom Wesentlichen schweigt, darf es auch nicht verwundern, wenn die Menschen denken, wir hätten nur Unwesentliches zu bieten!

Das Bild, das die Menschen von uns haben, ist entstellt und veräußerlicht. Entsprechend behandeln uns dann die Menschen: Sie wollen in unseren schönen Kirchen getauft und gefirmt werden sowie eine kirchliche Begräbnisfeier erhalten. Sie wollen – fallweise zumindest noch – eine ultraromantische Hochzeitszeremonie erleben. Dabei sind ihnen die Farbe des Blumenschmuckes, der Schnitt des Brautkleides und die Foto- und Filmaufnahmen weit wichtiger als die Gnade, die Gott zu einem lebenslänglichen Glücklichwerden schenken möchte. Und bei der Erstkommunion gibt es in manchen Gemeinden regelrecht sich bekämpfende Fraktionen über so „existentielle" Fragen wie die Regelung, ob die Kinder eigene Kleidchen oder einheitliche Kutten tragen sollen… Das sind nur die Symptome. Die Krankheit, die dahinter steckt, heißt Veräußerlichung: In den Augen vieler Menschen ist die Kirche ein äußerlicher Trachten- und Zeremonienverein für familiäre Bedarfsfälle geworden.

Die Folgen dieser Veräußerlichung sind dramatisch: Im selben Maß, in dem die Hochzeiten immer pompöser werden, werden die Ehen immer jämmerlicher. Im selben Maß, in dem man Sakramente „als Recht" einfordert, wird das gnadenhafte Leben aus den Sakramenten immer armseliger. Im selben Maß, in dem man sich lautstark in innerkirchlichen Fragen profiliert, verschweigt man den Glauben dort, wo er verkündet und bezeugt werden müsste: im Alltag, im Familienleben, in der Kindererziehung, eben „in der Welt von heute", wohin das 2. Vatikanische Konzil eigentlich die Getauften und Gefirmten mutig entsenden wollte.

Auch das Kokettieren mit dem Zeitgeist in vielen Fragen der Wertorientierung ist ein Symptom der Veräußerlichung. Es muss doch jedem, der einigermaßen das Evangelium kennt und um die Geschichte der Kirche durch über zwei Jahrtausende weiß, klar sein, dass der christliche Glaube bleibend Ecken und Kanten hat, an denen sich der Zeitgeist zu allen Zeiten gerieben hat und reiben wird. Bestimmte Glaubensinhalte können ganz einfach nie den Applaus der Masse finden: etwa das Leiden als Heilsweg; die Ehrfurcht gegenüber Gott;

die Selbstlosigkeit in der Nächstenliebe; die Liebe als Hingabe und nicht als selbstsüchtige Befriedigung der Lust; die Selbstbeherrschung und Tugendhaftigkeit; die Würde und Unantastbarkeit menschlichen Lebens usw.

Ich behaupte also, dass die Wurzel in der Veräußerlichung liegt, denn diese schließt den Heiligen Geist aus, der ja nicht im menschenförmigen Tun, Schaffen und Machen wohnt. Wenn wir Christen diesen Geist nicht an und in uns wirken lassen, werden wir an und in der Kirche keine wahre Freude finden. Paulus sagt ja sehr deutlich: „Die Frucht des Geistes ist Liebe, Freude, Friede..." (Gal 5,22). Damit nähern wir uns langsam dem Kern der Sache, dem Punkt, wo die Freude stattfinden muss: wir nähern uns unserem eigenen Herzen.

Die Krankheit

Wenn wir alle Veräußerlichung ablegen und innerlich ganz auf Gott schauen, dann stellt sich die Frage: *Warum* soll ich mich über Gott freuen? Die Antwort hat Paulus in einer der schönsten Formulierungen des Neuen Testamentes gegeben: „Ich lebe im Glauben an den Sohn Gottes, der mich geliebt und sich für mich hingegeben hat" (Gal 2,20). Paulus hat mit diesem persönlichsten Satz seiner Briefe das Wesen des Christseins definiert: Christ sein heißt, im Glauben an den Sohn Gottes zu leben, der mir seine Liebe darin erwiesen hat, dass er sich für mich hingegeben hat.

Die Rede von Gottes Liebe ist keine leere Phrase. Gottes Liebe ist in dem erwiesen, was Gott an uns gewirkt hat: nämlich Erlösung, *meine Erlösung*. Papst Johannes Paul II. hat in seiner Lehre Christus so sehr als „Redemptor" betont: als Erlöser, als Heiland, als Retter. Das Geheimnis des Erlöstseins durch Jesus Christus muss aber jeder Mensch für sich selbst erfassen: Christus ist nicht ein abstraktes Erlösungsprinzip, sondern er muss ganz konkret angenommen werden von jedem Einzelnen als „*mein* Retter", „*mein* Erlöser". Bewusst hat Johannes Paul II. den Titel „Redemptor Hominis" für seine Antrittsenzyklika gewählt. Der Singular „Erlöser des Menschen" ist programmatisch gemeint: Christus ist Erlöser *des* Menschen, jedes einzelnen Menschen. Und Benedikt XVI. ist ganz in dieser Linie zum unermüdlichen Künder der Notwendigkeit einer persönlichen Freundschaft mit Jesus Christus geworden.

Wie erfährt der einzelne Mensch – also wie erfahre *ich* – konkret die Erlösung durch Christus? Wo geschieht in meinem Innersten real, wirklich, konkret und tatsächlich Erlösung und Heil, sodass ich zur Freude befreit werde? Wo begegne ich dem liebenden Gott, der zu mir ganz persönlich spricht: „Siehe, ich mache alles neu" (Offb 21,5)? Kein Zweifel: das Ereignis, in dem jeder Er-Lösung ganz real in seinem Leben erfahren darf, ist das Sakrament der Buße, die heilige Beichte.

Warum gibt es so viel Frustration, Zynismus und Kritiksucht, so viel Verhärtung in der Kirche? Ich fürchte, dass der Grund letztlich darin liegt, dass wir Christen – und selbst viele Priester – nur selten, zu oberflächlich oder leider oft gar nicht mehr zur Beichte gehen. Deshalb veräußerlichen wir, kühlen wir ab. Es fehlt uns die persönliche Tiefenerfahrung des Erlöstseins.

Freilich, die Not mit der Beichte ist heute groß, und die Ursachen sind sehr komplex. Wer geht schon gerne beichten!? Dabei ist das Bußsakrament – schon rein äußerlich betrachtet – eine uralte Form der Psychotherapie: das Sakrament der seelischen Befreiung, der Erleichterung und des Freiwerdens. Der als Priester wirkende Psychotherapeut Jörg Müller hat folgende Zeilen getextet: „Ein Christ, der nicht nach innen horcht / und sein Gewissen nicht erforscht, / verliert in seiner Innenwelt / den Überblick – und legt für Geld / sich auf der Psycho-Couch dann flach. / Dann holt er das Versäumte nach!"[6]

Doch leider: Während die Couches der Psychologen und Psychotherapeuten heute immer stärker frequentiert werden, verstauben viele Beichtstühle. Dort, wo eigentlich die Seele durch göttliche Gnade gesäubert werden sollte, deponiert man vielfach Staubsauger, Besen, Kübel und sonstige Putzmittel. Auch das ist ein Zeichen für die latente und allgegenwärtige Veräußerlichung: Denn während der äußerliche Kirchenputz nach wie vor gründlich durchgeführt wird und viele Kirchen im Glanz immer teurerer Restaurierungen erstrahlen, fehlt eben dieses fröhliche Strahlen in den Gesichtern derer, die Gott in diesen Kirchen loben und preisen sollten.

Die Kirche hat von Christus den Auftrag erhalten, alle Krankheiten zu heilen, auch die Motivations- und Freudlosigkeit. Auch auf Frustration und Melancholie bezieht sich der Befehl des Herrn an seine Jünger: „Heilt alle Krankheiten und Leiden!" (Mt 10,1). Am Ostermorgen gibt Jesus den Aposteln die Verheißung: „Wem ihr die Sünden vergebt, dem sind sie vergeben; wem ihr die Vergebung verweigert, dem ist sie verweigert" (Joh 20,23). Und er bettet diese Stiftung des Bußsakramentes in eine mehrmalige Zusage ein: „Friede sei mit euch!" Wenn die Sünden vergeben sind, tritt der Zustand des Schaloms ein, des versöhnten Friedens mit Gott und den Menschen.

Die Therapie

Wir brauchen die Beichte, um uns die Freude zurückzuerobern! Der genannte Brauch des „*Risus paschalis*" ist eine Art historischer Beweis, denn das liturgische Osterlachen entstand zu einer Zeit, in der sich die Beichte in großem Stil als persönliche Bußform durchsetzte. Nach der Bußhaltung der Fastenzeit und nach der Mühe der Beichte machte sich dann zu Ostern gleichsam kollektiv und explosiv die fröhliche

Atmosphäre der Erlösung Luft. Die Gemeinde lachte; sie lachte, weil die Gläubigen in ihrer eigenen Umkehr erfahren hatten, wie gut Gott ist und wie schön ein versöhntes Leben sein kann. Die Beichte ist die Therapie Gottes gegen jede Form der Frustration seiner Gläubigen.

Diese Therapie der seelischen Heilung setzt allerdings eines voraus: die Erkenntnis der Sünden und die Annahme dieser Sünden. Und das ist genau das, was uns heutigen Menschen nicht liegt: sich selbst – und damit seine Schwäche – anzunehmen! Von Anfang an liegt im Menschen die Sucht, gut dazustehen. In der Erzählung des Sündenfalls wird das äußerst illustrativ beschrieben: Es ist die Erzählung von der großen Ausrede. Adam schob die Schuld auf Eva: „Die Frau, die du mir beigesellt hast, die war es!" Eva schob die Schuld auf die Schlange. *Und es sind immer die anderen schuld.* Die Folge der Ursünde ist der Hochmut, seine Fehler nicht eingestehen zu wollen.

Das Abschieben von Negativem auf andere ist heute zu einer umfassenden gesellschaftlichen Mentalität geworden. Die Frankfurter Schule in den 60er-Jahren propagierte die „Kritikfähigkeit" als höchstes Ideal des selbstbefreiten Menschen. Gemeint war natürlich immer: Kritisch-Sein *gegenüber dem anderen, nie gegenüber sich selbst.* Und kritisch sind wir wirklich geworden! Kritisch gegenüber allem und jedem, solange es der andere ist. Auf diese Weise wurde die Blindheit gegenüber den eigenen Fehlern gefördert. Immer haben die anderen Schuld. Wie oft erleben Seelsorger, dass es bei Ehekrisen offensichtlich nur noch die Schuld „des anderen" gibt. Wie ungeniert, ja schamlos, lässt man sich in übelster Weise in anonymisierten Internetforen über die Verantwortungsträger in Welt und Kirche aus: Schuld und Sünde überall – aber nicht bei sich selbst.

Würde das Schuldbekenntnis der Messe diesem Trend angepasst werden, dann müsste man statt dem „*mea* culpa" for-

mulieren: „*tua* culpa, tua culpa, tua maxima culpa": durch
deine Schuld, durch deine Schuld, durch deine große Schuld...
Damit geht eine tragische Charakterverformung einher, die
Jesus mit den Worten entlarvt hat: „Was siehst du den Split-
ter im Auge deines Bruders, das Brett aber vor deinem eigenen Kopf bemerkst du nicht" (vgl. Mt 7,3). Das eigene Ich
stilisiert sich in dem Maß zur obersten Bewertungsinstanz
der anderen hoch, wie es zugleich unfähig wird, sich selbst
realistisch einzuschätzen. Das „Ego" wird nicht nur blind gegenüber sich selbst, es setzt sich auf den Thron der Selbstge-
fälligkeit und wartet auf seine Anbeter. Doch alle anderen
sitzen ebenfalls auf ihren Thronen, sodass niemand da ist, der
dieses Ich anzubeten bereit wäre. In Ermangelung fremder
Wertschätzung bleibt dem egozentrischen Menschen nichts
anderes übrig als einen Minderwertigkeitskomplex zu entwickeln.

Merkwürdig: man sollte eigentlich davon ausgehen, dass
die Menschen, die keine eigenen Fehler mehr kennen, glücklich und zufrieden wären. Es sind ja doch immer *nur die anderen* schuld. Das eigene Ich müsste dabei doch eigentlich fein
herauskommen. Aber nein, die Menschen sind unzufriedener
und neurotischer als je zuvor. Warum? Weil hier ein zerstöre-
rischer Mechanismus waltet! Johannes hatte diese Dämonie
beim Namen genannt. Er sprach von *Lüge und Selbstbetrug:*
„Wenn wir sagen, dass wir keine Sünde haben, führen wir
uns selbst in die Irre, und die Wahrheit ist nicht in uns"
(1 Joh 1,8).

So gerät der kritisch-gewordene Egozentriker in Nöte und
Lebensängste. Und gerade hier schließt sich der Circulus vi-
tiosus, der Kreislauf der Perversion: Denn gerade hier raten
manche Psychotherapeuten dem über die Welt und sich selbst
frustrierten Menschen nichts anderes, als dass er sich in seinen Beklemmungen und Minderwertigkeitsgefühlen immer
nur suggerieren solle: „Ich bin gut, ich kann alles, ich bin

stark, ich bewältige alles, ich bin der Beste usw.!" Eine fatale
Therapie, denn keine vordergründige Suggestion kann *die
hintergründige Last der Sünde* und der Unordnung jemals heilen. So wird man nicht frei, sondern der über die Welt Frus-
trierte gerät immer tiefer in die Gefangenschaft des eigenen
Ichs. Er wird immer trauriger und verzagter.

Doch es gibt Heilung. Bruder Ephraim, der Gründer der
lebendigen „Gemeinschaft der Seligpreisungen", trifft den
Punkt, wenn er formuliert: „Das Problem ist, dass der
Mensch sein eigenes Herz nicht kennt. Oder vielmehr, dass er
dunkle Bereiche vor sich selbst verbirgt, die seine Seele verwüsten, die er aber als verborgene Schuld beibehält."[7] Man
könnte das alte Sprichwort zitieren: „Selbsterkenntnis ist der
beste Weg zur Besserung." Die ehrliche Selbsterkenntnis, das
Annehmen der eigenen Begrenztheit und Fehlerhaftigkeit ist
eine große Gnade!

Damit soll jedoch die Behandlung durch Psychiater und
Psychotherapeuten in keiner Weise abgewertet werden. Es
gibt psychische Erkrankungen wie z. B. Depressionen, Neu-
rosen, Psychosen usw., bei denen unbedingt ein Fachmedizi-
ner zu Rate gezogen werden muss. Die Priester sollten
entsprechend ausgebildet sein, dass sie erkennen, ob eine psy-
chotherapeutische Behandlung notwendig ist. Aber die Psychotherapie kann die Seelsorge nicht ersetzen. Anders als im
bloßen therapeutischen Gespräch oder in der neuromedizini-
schen Behandlung wirkt in der sakramentalen Beichte eine
Kraft heilend und vergebend: Gott!

Die Heilung

Aber es gibt *noch* ein Hindernis für die Beichte: das ist die
Scham. Viele Menschen wissen ja doch instinktiv – trotz der
großen Verführung zum Selbstbetrug – um ihre Sünden. Auch
aus der berüchtigten Ausrede: „Ich geh nicht beichten, Herr

Pfarrer, denn da würde ich Sie ja den ganzen Tag beschäfti-
gen!", kann man noch sehr gut ein unterschwelliges Sündenbewusstsein heraushören. Instinktiv ist Sündenerkenntnis da,
aber zugleich verhindert eine falsche Scham, sich ehrlich und
offen der Barmherzigkeit Gottes anzuvertrauen.

Viele haben auch *eine missverständliche Vorstellung von
der Haltung der Kirche* und der Priester zur Sünde. Sie denken, die Kirche verachte oder verdamme den Sünder. Das ist
falsch. Die Haltung der Kirche zur Sünde entspricht der Haltung, die Gott selbst der Sünde gegenüber einnimmt: Gott
hasst die Sünde und warnt davor, er verabscheut zutiefst das
Böse. *Aber* – wenn die Sünde einmal geschehen ist, und der
Mensch sie erkennt und bekennt, ist es *derselbe* Gott, der dem
Sünder mit unermesslicher Barmherzigkeit entgegenkommt.
In der Beichte wird der Sünder nicht verurteilt, sondern los-
gesprochen, nicht verdammt, sondern erlöst und gerettet.

Diese barmherzige Haltung der Kirche, die die Sünde
schon entmächtigt weiß, kommt in einem Witz zum Ausdruck, den ich Ihnen nicht vorenthalten möchte, auch wenn
er einen „unökumenischen" Beigeschmack hat: Ein Mann
hatte im Zorn seine Frau ermordet. Die Bluttat blieb unent-
deckt, doch eben deshalb belastete sie das Gewissen des Mör-
ders. Gewissensbisse quälten ihn Tag und Nacht, sodass er es
nicht länger ertragen konnte. Er begann, Trost und Erleichterung für seine inneren Qualen zu suchen und wandte sich
zuerst an einen muslimischen Geistlichen. „Meister, helfen Sie
mir, ich habe gemordet!" Der Imam wich erschrocken zurück
und anwortete sorgenvoll: „Schwer ist Deine Sünde, und sie
fordert Bestrafung und Vergeltung. Allah allein, der Hocher-
habene, er wird Dir vergelten nach Deinen Taten. Ich kann
Dir nicht helfen." Und ungetröstet ging der Mann seines
Weges. – Das schlechte Gewissen trieb ihn sodann zu einem
Guru, einem Könner der Meditation, der in die esoterischen
Lehren eingeweiht war: „Meister, helfen Sie mir, ich habe ge-

mordet!" Der erhabene Meister unterbrach vor Schreck sogar
seine Meditation und sprach dann salbungsvoll die weisen
Worte: „Mein Sohn, alles Leben ist Schein. Es gibt weder gut
noch böse, Du bist nicht schuld. Durchschaue den Schein und
lass Dich von Deinen Taten nicht beunruhigen, auch sie sind
nur Schein! Meditiere und erkenne Dich selbst." Nun, jedenfalls ging der Mann wieder ungetröstet weg. – Schließlich lan-
dete er in einer katholischen Kirche. Im Beichtstuhl brannte
Licht. Der Mann überwand sich, ging hinein und kniete nieder. Verzweifelt und angstvoll stammelte er: „Hochwürden,
bitte helfen Sie mir, ich habe gemordet." Für einen Augenblick war es ganz still hinter dem Gitter des Beichtstuhls, man
hörte, wie der Priester schluckte. Doch dann tönte seine sanfte
und gütige Stimme aus der Finsternis des Beichtstuhls und
fragte: „Wie oft, mein Sohn, wie oft?"

Diese Geschichte möchte sagen: Die Sünde, selbst die
grausamste, brutalste und abscheulichste, ist in die Erlösung
Christi eingeschlossen, ist von der Barmherzigkeit des Gekreuzigten umschlossen und darin schon potentiell vergeben
und verziehen. Jede Sünde kann daher versenkt werden in
dem unendlichen Meer der göttlichen Barmherzigkeit. Deshalb ist für uns die Sünde nicht die große unverzeihliche Tragödie, von der man sich durch irgendwelche Kulte und Riten
krampfhaft selbst befreien muss. Wir können die Haltung der
Kirche so beschreiben: Wenn die Sünde *nicht* eingestanden
wird, muss die Kirche mahnen und warnen. *Wenn* die Sünde
erkannt und bekannt wird, ändert sich das Verhalten der
Kirche, und sie wird zur barmherzigen Mutter, die tröstet,
verzeiht und aufrichtet. Von Augustinus stammt die Formulierung: „Hasse den Irrtum, aber liebe den Irrenden!"

Jeder Priester empfindet für einen, der in wahrer Reue
beichtet, und seien die Sünden auch noch so schwer, tiefe Ehrfurcht und großen Respekt. Da zählt nur noch die Barmherzigkeit! Welche Freude herrscht, wenn jemand gut beichtet.

Nicht jeder Priester hat die Herzensschau eines heiligen Pfarrers von Ars, der alle Sünden, auch die verschwiegenen, erkannte. Trotzdem darf ein Priester bei der Spendung dieses Sakramentes teilhaben an der *Freude des Himmels*, von der Jesus spricht: „Ebenso wird auch im Himmel mehr Freude herrschen über einen einzigen Sünder, der umkehrt, als über neunundneunzig Gerechte, die es nicht nötig haben umzukehren" (Lk 15,7). Und damit sind wir bei der eigentlichen Frucht der Beichte: bei der innerlichen Freude!

Der Osterjubel

Nach einem Wort von Johannes Paul II. liegt das Wesen der Beichte in der „Befreiung von sich selbst und dann in der Rückgewinnung verlorener Freude, der Freude darüber, erlöst zu sein."[8] Aus dieser Rückgewinnung verlorener Freude, aus dieser Freude darüber, erlöst zu sein, *wurde einst die Kirche geboren*. Auf die dramatischen Ereignisse der Kar-Tage folgte der Jubelruf des Ostermorgens: „Der Herr ist wahrhaft auferstanden!" Durch die Auferstehung des Herrn wurden den Jüngern nicht nur ihre eigenen Sünden vergeben, sondern die göttliche Verzeihung wurde endgültig in Gestalt eines Sakramentes auf Erden eingesetzt. Denn als *erste Frucht* seines Sieges über Sünde und Tod übergab Jesus am Ostermorgen seinen Jüngern die Vollmacht zur Sündenvergebung: „Wem ihr die Sünden vergebt, dem sind sie vergeben" (Joh 20,23). Und trunken vor Freude taumelten die vorher so frustrierten Jünger in die Welt hinaus: „Und sie waren voll Freude und erfüllt vom Heiligen Geist" (Apg 13,52).

Die Freude über die verzeihende Macht der Liebe Gottes ist die zentrale Lehre der frühen Kirche, wie es im 1. Petrusbrief heißt: „Ihn, Jesus Christus, habt ihr nicht gesehen, und dennoch liebt ihr ihn; ihn seht ihr auch jetzt nicht; aber ihr glaubt an ihn und jubelt in unsagbarer, von himmlischer

Herrlichkeit verklärter Freude…" (1 Petr 1,8). Die junge Kirche war in ihrer Freude geradezu maßlos, *ja triumphal.* Es ist ein apostolischer Imperativ, den Paulus an seine Christen formulierte, ungeduldig, ja gleichsam lehramtlich fordernd: „Freut euch im Herrn zu jeder Zeit! Noch einmal sage ich: Freut euch!" (Phil 4,4).

Von einem solchen Triumphalismus der Freude kann man in der Gegenwart nichts merken, bestenfalls von einem Fatalismus des Jammerns und Kritisierens! Oft sind in der Kirche Menschen am Werk, denen man Freudlosigkeit und Verbitterung schon rein äußerlich ansieht. Die Herzenshaltungen prägen sich auch in den Gesichtszügen aus. Eugen Drewermann irrt, wenn er der Kirche vorwirft, sie neurotisiere die Menschen. Christlicher Glaube an den erlösenden Gott neurotisiert nicht, sondern befreit, stärkt und macht froh. Nicht zu bestreiten ist freilich, dass ein missgedeuteter oder veräußerlichter Glaube zu schweren seelischen Verfinsterungen und Verbiegungen führen kann.

Was also ist zu tun zur Rettung der Kirche? Sehr einfach: wir müssen unsere Herzen erheitern! Ich meine, die Lösung der Kirchenkrise wäre ganz einfach. Man kann das anhand eines kulinarischen Vorganges beschreiben: Wenn der Salat etwas zu sauer geworden ist, so wird doch keine Hausfrau auf die Idee kommen, den Überschuss an Essig dadurch auszugleichen, indem sie verbal gegen den Essig schimpft oder ihre Frustration irgendwelchen Medien anvertraut. Wo zuviel Essig ist, da hilft nur eines: Zuckern! Nur das Süße kann ein Gegengewicht zu dem allzu Sauren schaffen.

Heute, wo in der Kirche so viele eigentlich Gutmeinende zur melancholischen Grübelei oder zur zynischen Kritiksucht neigen, da müssen alle, die wir das Beste für die Kirche wollen, dieses Gegengewicht an süßer Freude schaffen. Wir müssen zutiefst von Freude über unseren Gott und das uns geschenkte Heil erfüllt sein. Und wir müssen diese Freude auch ausstrahlen. „Brenne und leuchte!", sagte der heilige Bernhard von Clairvaux. „Brenne und lächle!", könnte man das Wort des Ordensvaters der Zisterzienser für unsere heutige Situation adaptieren.

Wir brauchen also Freude, maßlos und innerlich! Den mittelalterlichen „Risus paschalis" in seiner veräußerlichten Form brauchen wir natürlich nicht mehr. Geblödelt und gewitzelt wird heute ohnehin überall. Wir brauchen Osterlachen tief innen in der Seele, ein Lächeln des Herzens: „Er gebe uns ein fröhlich Herz, erfrische Geist und Sinn", tönt ein Kirchenlied. Wir brauchen ein Herzenslachen, das aus der Erfahrung der Erlösung kommt, das ist die Heilung unserer Melancholie. Die Therapie, die das bewerkstelligen kann, trägt den Namen: Buße und Umkehr, Gewissenserforschung und Gebet, Abtötung und Beichte, wahre Selbsterkenntnis und göttliche Lossprechung. Gerade das Bußsakrament müssen wir uns als Weg zur Freude zurückerobern; mit dem Jubel und der Kraft, die uns daraus geschenkt wird, könnten wir die ganze Kirche anstecken.

Wir müssen beten, dass echte österliche Erlösungsfreude in unsere Herzen einkehrt, dass die Freude über die Sündenvergebung selbst unsere Gesichtszüge entspannt, dass der Osterjubel unsere Augen leuchten lässt, dass der „Risus paschalis" uns Heiterkeit und Zuversicht in das Gesicht zeichnet. Warum ist die Muttergottes immer lächelnd dargestellt? Weil sie in ihrem Herzen rein und unbefleckt ist! Weil sie aus der Tiefe des Erlöstseins lebt, ja dieses personal darstellt. Sie ist der Inbegriff des kirchlichen Optimismus, des erlösten Osterlächelns. Vor diesem Lächeln der Erlösten werden die finsteren Mächte, die nur Falsches begehren und Frustration gebären, weichen müssen. Und am Ende steht ohnehin – gemäß göttlicher Verheißung – das ewige fröhliche Halleluja der Erlösten.

2. Kapitel

Was ist echte christliche Spiritualität?

Kriterien zur Unterscheidung nach Hans Urs von Balthasar

Viel „Spiritualität" und wenig Christentum

In den 70er-Jahren des 20. Jahrhunderts, als kirchliche Architekten eine Betonkirche nach der anderen in stolzer Tristesse aus dem Boden stampften, waren Begriffe wie „Mystik", „Ritual" und „Kult" regelrecht geächtet. Mittlerweile hat sich alles gewandelt: Ritual ist „in", Kult ist angesagt, Mystik ist zum Werbeslogan für relaxte Wellness geworden. Zu den „In-Begriffen" des beginnenden 21. Jahrhunderts zählt sicher auch der Begriff der Spiritualität.

Die Frage nach den Kriterien authentischer christlicher Spiritualität war Balthasar immer ein Anliegen; sie ist heute drängender denn je. Denn mit atemberaubender Geschwindigkeit ist mittlerweile die „Moderne" in die „Postmoderne" übergegangen, der kritische Rationalismus ist in einen abergläubischen Irrationalismus umgekippt.

Das „Neue Zeitalter" ist bei uns im europäischen Westen auch schon statistisch greifbar: So bezeichnen sich etwa in neueren Umfragen *immer mehr Menschen als „religiös"*, während negativ-reziprok dazu die kirchliche Praxis, zumindest in West- und Mitteleuropa, zurückgeht! Begriffe wie „Spiritualität", „Geistigkeit" oder „Mystik" begegnen uns heute fast mehr im außerkirchlichen Bereich als im kirchlichen, in dem man sich allzu lange durch Strukturgefechte blockieren ließ. Bei uns in Österreich sind Esoterikmessen bereits eine Selbstverständlichkeit, der Markt für „religiöse" Angebote sonderlichster Art boomt weiterhin; was da an „Spiritualität" geboten wird, reicht von Schnellkursen in Astrologie bis zu östlichen Meditationsübungen und esoterischem Mentaltraining. Es ist bedauerlich, dass dafür ein weit professionelleres Marketing betrieben wird als für die christliche Frömmigkeit! Aber ist es nicht ohnehin egal, auf welche Weise man „Spiritualität" praktiziert? Das genau ist die Frage: Gibt es einen Unterschied zwischen dem, was außerchristlich an „Religiösem", „Transzendentalem", „Mystischem" und „Spirituellem" läuft, und dem, was das Christentum unter Spiritualität versteht?

Der berühmte deutsche Trendforscher *Matthias Horx* übertitelte das Religions-Kapitel seines Buches, in dem er die „Megatrends" der Gegenwart analysierte, so: „Wie die Gläubigen aus den Kirchen ausziehen und wie sich unsere Gesellschaft langsam, aber sicher spiritualisiert"[1]. Er stellte also dem Zuwachs an „Spiritualität" proportional den Verlust an Kirchlichkeit gegenüber. Welche „Spiritualisierung" ist hier gemeint? Nach Horx ist den vielen Strömungen der neuen Spiritualität eines gemeinsam: sie sind vom östlichen Denken beeinflusst. Er spricht daher von einer „Veröstlichung des Westens". Wenn etwas so populär ist wie die östliche Spiritualität, dann ist natürlich klar, dass es auch innerkirchlich Tendenzen geben muss, hier nachzuziehen. Seit den 70er-Jahren wird in vielen katholischen Bildungseinrichtungen alles Mögliche angeboten: Zen- und Yogakurse sowie transzendentale Meditationskurse sind auch offensichtlich mehr gefragt als Kurse über das betrachtende Gebet, die ignatianische Kontemplation oder die eucharistische Anbetung.

„Spirituell" zu sein ist „in" geworden. Es ist schon bei oberflächlichem Hinsehen leicht zu verstehen, warum der „postmoderne" Mensch heute „Spiritualität" mehr schätzt. Der technische und wissenschaftliche Fortschritt der letzten hundert Jahre hat zwar recht viel Angenehmes gebracht, aber doch nicht das Paradies der absoluten Sicherheit, des absoluten Friedens und der absoluten Heilsgeborgenheit. Im Gegenteil: Es gibt weiter Krieg und Krankheit, ja die Umweltzerstörung ist zu einem beunruhigenden Faktor geworden, und viele Probleme scheinen uns geradezu nicht bewältigbar. Da wendet man sich wieder den „höheren Mächten" zu. Man wird wieder „religiös", die Gesellschaft „respiritualisiert" sich.

Was aber ist der Inhalt dieser neuen Spiritualisierung? Spiritualität ist modern oder besser gesagt „postmodern". Aber Spiritualität ist nicht gleich Spiritualität. Eucharistische Anbetung ist doch offensichtlich etwas anderes als das mantrische Sich-Versenken des Zen-Buddhismus; Rosenkranzgebet ist doch offensichtlich nicht dasselbe wie die rhythmische Wiederholung der Mantren im Hinduismus. Ein Blick auf den „Jahrmarkt" der Spiritualitäten zeigt, dass wir hier die „Unterscheidung der Geister" brauchen. Sind alle „Spiritualitäten" gleich gut? Gibt es spezifische Kriterien für die christliche Spiritualität?

Dieser Frage wollen wir mit Hilfe des großen Schweizer Theologen Hans Urs von Balthasar (1905-1988) nachgehen. Und zwar aus gutem Grund: Papst Benedikt XVI. betonte bei Balthasar ausdrücklich die überaus geglückte Synthese der gelebten Spiritualität und gelehrten Theologie.[2] Kern-Anliegen der Theologie Balthasars sei es, „dass sich die Theologie nur durch das Gebet entfalten kann." Spiritualität verringere nie das wissenschaftliche Gewicht der Theologie, „sondern sie gibt dem theologischen Studium die richtigen Methoden, damit dieses zu wahrhaft gültiger Einsicht in das Mysterium Gottes gelangen kann." Balthasars Theologie ist nicht ein kluges Begriffssystem „neben" der Spiritualität, sondern sie kommt aus dem Gebet und führt zum Gebet. Daher kann man getrost die Prognose stellen, dass kein Theologe das 21.

Jahrhundert mehr beeinflussen wird als Hans Urs von Balthasar. Tastsächlich stürzt sich derzeit eine neue Generation von Theologiestudenten, Diplomanden und Doktoranden wie ausgehungert auf das immense Werk[3] (drei Meter Buch!) des Schweizer Theologen, der 1988 von Johannes Paul II. – vermutlich auf Betreiben seines Freundes Joseph Kardinal Ratzinger – zum Kardinal erhoben worden war, jedoch zwei Tage vor dem Konsistorium 83-jährig verstarb.

Das gegenwärtige Interesse an Balthasar unter den westlichen Theologiestudenten[4] rührt vermutlich genau daher, dass in dieser Theologieform beides in eins ist: hohe intellektuelle Theologie und zugleich eine Offenheit hin auf Spiritualität. Balthasar war ja nie „nur" Schreibtischtheologe, sondern er war immer zugleich auch Exerzitienleiter, „geistlicher Begleiter" und – in umfassendstem Sinne – „Spiritual". Daher soll gerade Balthasar zu Rate gezogen werden um festzustellen, was christliche Spiritualität und was keine ist, und welche Kriterien es gibt, um die Frömmigkeit des Christentums von anderer „Geistigkeit" zu unterscheiden.

Vielleicht muss auch noch darauf hingewiesen werden, dass die Frage nach dem Wesen der christlichen Spiritualität die *eigentliche* Überlebensfrage für die Kirche im Westen darstellt: eine Frage auf Leben und Tod! Denn wenn die katholische Theologie liberal ausgedünnt ist, so ist das zwar tragisch; wenn aber das christliche Gebet verstummt ist, so ist das wahrhaft tödlich!

Und hier sind wir eben bei Hans Urs von Balthasar angelangt: Kein anderer Theologe hat sich dieser Frage mehr angenommen (sieht man von dem Buch *Albert Cuttats* ab[5]), als er. Balthasar ist mindestens im selben Maße Lehrer der christlichen Spiritualität wie er spekulativer Theologe ist, ja beides fließt ineinander. Er, der ignatianisch geprägte Jesuit, der geistliche Begleiter der stigmatisierten Mystikerin Adrienne von Speyr, der Gründer und geistliche Vater eines Säkular-

institutes, der oftmalige Exerzitienleiter und der unermüdliche
Übersetzer und Herausgeber der Werke geistlicher und mysti-
scher Schriftsteller, hat es gerade in seinen letzten Lebensjahren
für notwendig erachtet, den Großteil seiner Energie darauf zu
verwenden, diesen Unterschied herauszuarbeiten. Um es vor-
weg zu sagen: Für Balthasar ist christliche Spiritualität fundamental verschieden von nichtchristlicher Spiritualität.

Das Wesen der christlichen Spiritualität ist für ihn ein
engagiertes Hauptthema, wie seine zahllosen Publikationen
es aufzeigen.[6] Die substantiellsten Publikationen stammen aus
den 80er-Jahren. Einige sind auf Drängen Joseph Ratzingers,
dem späteren Benedikt XVI., entstanden.[7] Unter der Feder-
führung Ratzingers veröffentlichte die Glaubenskongregation
1989 ein Schreiben mit dem Titel: „Über einige Aspekte der
christlichen Meditation", das in geradezu augenfälliger Weise
mit Balthasar übereinstimmt.[8]

Der „heilige Zorn" Balthasars

Hans Urs von Balthasar dürfen wir mit Recht als einen der
größten Theologen des 20. Jahrhunderts betrachten; mit Sicherheit war er, wie Henri de Lubac gesagt hat, „einer der ge-
bildetsten"[9]. Balthasar hatte aufgrund seines Werdeganges
den Vorteil, dass er Theologie nie als Beruf oder Gewerbe betreiben *musste*. Er hatte nie einen Lehrstuhl inne und hatte
auch jedes Angebot für eine gebundene akademische Karriere
strikt abgelehnt. Er war immer Theologe aus freiem Willen,
besser gesagt: Theologe aus Leidenschaft! Wie groß diese Leidenschaft war, zeigt schon seine überflutende schriftstelleri-
sche Schaffenskraft. So viel kann nur jemand schaffen, der
von einer atemberaubenden Leidenschaft für das *Christliche*
gepackt ist! Man spürt, dass hier einer Theologie betrieb, dem
der Stachel der gläubigen Leidenschaft im Fleische saß. Balthasar machte keine Theologie aus der Distanz, sondern eine

engagierte Theologie, die sich nicht schämte, ihre Wurzeln in einer tiefen persönlichen Betroffenheit von Gott darzulegen. Mehr noch: eine distanzierte, gleichsam religionswissenschaftlich-neutrale säkularisierte Theologie war Balthasar zuwider. Daher forderte er, dass die „sitzende Theologie", die sich seit dem aristotelischen Mittelalter etabliert hatte, wieder zu einer „knienden Theologie" werden müsse, dass „Theologie und Heiligkeit" wieder Hand in Hand gehen müssen.[10] Ihm selbst ist eine solche kniende Theologie gelungen, hat er doch ein theologisches Werk hinterlassen, das man nach einem Wort von *Werner Löser* „sowohl studieren als auch betend meditieren kann"[11].

Man muss diese gläubige Leidenschaft begreifen, denn sie gibt dem gesamten Werk Balthasars sein eigentliches Gepräge und bricht an vielen Stellen mit einer sprachlichen Urgewalt durch. Sie ist auch der Schlüssel zum Verständnis des „heiligen Zornes", in den Balthasar verfallen konnte: Das Paradigma eines solchen veritablen Zornausbruches ist bekanntlich das Büchlein „Cordula oder der Ernstfall", in dem Balthasar mit ungeheurer Polemik über Karl Rahners These des „anonymen Christentums" herfiel und selbst vor der Parodie nicht zurückschreckte. Balthasar konnte in seiner Abrechnung schonungslos sein: „Sie haben nur noch einen analogen Glauben an ein analog verstandenes Wort, für den oder das sich gewiss auch nur noch analog zu sterben verlohnt, so wie ihr Christentum auch nur analog zu leben verdient"[12]. Für welche Aufregung dieses Büchlein in der unmittelbar nachkonziliaren Landschaft sorgte, ist heute nur noch schwer vorstellbar. Balthasar hatte sich in der 2. Auflage gegen den Vorwurf der Polemik gewehrt: „Ich meine, dass die Propheten und Paulus uns lehren, dieses Stilmittel in gewissen Fällen als die rechte Behandlungsweise zu verwenden."[13]

Das ist eben ganz Balthasar: Er lief dort undiplomatisch

heiß, wo ihm das Heiligste bedroht schien. Er konnte dann in
eine geradezu „pamphletäre"[14] Polemik verfallen. Es ist nicht
schwer, die Reizthemen festzumachen, die Balthasar zu Aus-
brüchen „heiligen Zorns" veranlassten: *Scharf* konnte er sein,
wenn es um theologisch-spekulative Verwischungen des
Christentums ging; *schärfer,* wenn es um die gläubig-kirchli-
che Praxis ging,[15] aber – und deshalb diese Einleitung – *am*
schärfsten wurde Balthasar dann, wenn er die christliche Spiritualität abgewertet oder gefährdet sah.

Mitte der 70er-Jahre war es in der Kirche des Westens
immer mehr Mode geworden, ein spirituelles Defizit an sich
selbst zu orten, und dieses durch östliche Angebote auszugleichen. Als der Jesuit *Josef Sudbrack* ein Büchlein mit dem
Titel „Herausgefordert zur Meditation" veröffentlichte, reagierte Balthasar ungewöhnlich heftig – mit den vielleicht wü-
tendsten Zeilen, die er je geschrieben hatte: In der Zeitschrift
„Geist und Leben" im Jahr 1977 erschien ein Artikel mit dem
Titel „Meditation als Verrat"[16]. Auch hier verlor Balthasar
zwar nie die Noblesse des gebildeten Theologen, aber er zog
doch mit einem wahren Gewitter gegen die Ausbreitung der
östlichen Meditation zu Felde: Diese sei „Ehebruch" und
„Verrat an der gekreuzigten Liebe Gottes", die Schuld daran
trage, dass so manche geistlichen Orden zur Geistlosigkeit
und „zur reinen Unfruchtbarkeit" verurteilt seien. – Diese
Balthasar'sche Attacke erregte enormes Aufsehen und führte
zu so heftigen Reaktionen, dass sich die Schriftleitung der
Zeitschrift zu einer Klarstellung genötigt sah. Balthasar selbst
verfasste für die nachfolgende Nummer eine sprachlich mil-
dere Erläuterung mit dem Titel „Katholische Meditation"[17],
in der er aber inhaltlich kein Jota zurücknahm, ja sogar den
Stil von Anathematismen wählte, um das Katholische her-
vorzuheben!

Diese Bemerkungen sind nötig, um das Thema „Spiritualität" in Balthasars Persönlichkeit und Werk einordnen zu

können. Für ihn, der seine Theologie unter dem Einfluss der stigmatisierten Ärztin und Mystikerin Adrienne von Speyr entwickelte, war Spiritualität wahrlich nichts Nebensächliches. Sie ist das Spiegelbild des Glaubens und bemisst sich vom Wesen des Christlichen her. Ist die Spiritualität verbogen, dann ist dies ein Krankheitssymptom des Glaubens, denn die *„lex orandi"* offenbart die *„lex credendi",* wie umgekehrt der Glaube die Art der Spiritualität hervorbringt.

Die Struktur nichtchristlicher Religiosität

Der Unterschied zwischen christlicher und nichtchristlicher Spiritualität muss im Wesenskern des Christentums gesucht werden. Dieses ist nach Balthasar keinesfalls eine Religion unter anderen, sondern unterscheidet sich grundlegend vom allgemein Religiösen.[18] Balthasar steht hier ganz in der Nachfolge Karl Barths, wenn er formulierte: „Für den Glaubenden stehen die Religionen zusammengerückt auf der einen Seite, das Christentum aber – und das ist sein Ärgernis – einsam auf der anderen."[19]

Worin besteht die Andersartigkeit des Christentums im Vergleich zu den anderen Religionen? Balthasar ortete den Unterschied nicht in sekundären oder äußerlichen Merkmalen, sondern in der grundlegenden Struktur. Die natürliche menschliche Religiosität entsteht aus der *Urerfahrung der Endlichkeit*: Der Mensch erfährt seine Begrenztheit, seine Unerfülltheit und Kontingenz. Zugleich weiß er sich aber offen und hingeordnet auf Unendlichkeit und Ewigkeit. (Rahner hat die Dynamik dieser Hinordnung unter dem Begriff der „Transzendentalität" gefasst). In dieser grundlegenden, allgemein-menschlichen Erfahrung liegt die Erkenntnis einer *Kluft,* einer Differenz, einer Distanz zwischen dem faktischen Endlichen und dem erahnten Unendlichen.

In den Philosophien und Religionen wird diese Kluft zumeist als Abfall aus einer ursprünglichen Einheit interpretiert. So etwa bei Plotin, der eine Art Seelensturz in die Materie annimmt. Die dem Göttlichen entfremdete Endlichkeit ist folglich die *„regio dissimilitudinis"*, das „Reich der Unähnlichkeit", der Gottferne. Der religiöse Mensch interpretiert seine Situation also als „Entfremdung". Er möchte folglich zurück in die Einheit, er möchte die „Polarität" hinter sich lassen, er möchte aus der Endlichkeit aufsteigen in die Einheit mit dem Unendlichen. Deshalb gibt es in allen Religionen eine gleiche Meta-Struktur, eine gleiche Dynamik: jede religiöse Vorstellung möchte „hinaus" aus dem Endlichen, um „hinein" oder „hinauf" in die Unendlichkeit zu gelangen. Als Beispiel für diese Dynamik des „Hinaus" lässt sich etwa die so populäre Reinkarnationslehre anführen: die geistige Seele muss durch verschiedene materielle Läuterungen wieder zur ursprünglichen Einheit aufsteigen.

Balthasar bestimmte das Wesen der nichtchristlichen Religiosität als geistiges Hinaus-Streben nach dem Göttlichen. Wird die Welt nun mit Materie gleichgesetzt, so geht es in den meisten Religionen nicht nur um „Entweltlichung", sondern auch um Spiritualisierung, indem das Materielle zurückgelassen wird. Das Ziel der Religiosität ist die Vergeistigung des entfremdeten Menschen. Deshalb darf es nach Balthasar gar nicht verwundern, dass im nichtchristlichen Bereich so etwas wie „Mystik" und „Spiritualität" häufig anzutreffen ist.

Das unterscheidend Christliche

Das Problematische an der religiösen Dynamik der Spiritualisierung aber ist, dass es sich dabei um ein selbstisches Tun handelt: Es ist der Mensch, der hier etwas tut, der Mensch, der aufbricht, der Mensch, der sich entlang eines Weges aufmacht (das meint das griechische *„meta hodos"*) um zu suchen, „ob er Gott ertasten und finden könne" (Apg 17,27).

Karl Barth, der große Inspirator Balthasars, war radikal genug, gerade dieses Selbstische, das eigenmächtige religiöse Herantasten an Gott als radikalen Unglauben, als Quell aller Sünde zu verurteilen.[20] Für Barth war bekanntlich jede nichtchristliche Religiosität Sünde. Diesen Schritt vollzog Balthasar nicht mit – im Gegenteil: Balthasar blieb immer versöhnlich „katholisch". Für ihn hatte nichtchristliche Religiosität durchaus immer auch etwas Positives, da es ja Gott der Schöpfer selbst war, der den Menschen in seiner religiösen Dynamik geschaffen hatte. Balthasar konnte deshalb die Aussage des 2. Vatikanums problemlos akzeptieren, dass alle Religionen „Wahres und Heiliges"[21] enthalten.

Was ist nun das unterscheidend Christliche? Während die natürliche Religiosität sich suchend einen Weg bahnen möchte, tastend zu dem unbekannten Gottesgeheimnis aufbricht, hat der christliche Glaube einen *Grund,* den er sich nicht gegeben hat: Nach Balthasar ist Christentum „nicht unsere Bewegung zu Gott, sondern Gottes Bewegung zu uns"[22]. *Dort will der Mensch zu Gott, hier will Gott zum Menschen. Dort Aufbruch des Menschen, hier Einbruch Gottes.* Das Prinzip der Inkarnation ist die Formel, mit der Balthasar die christliche Offenbarungsreligion von allen anderen unterschied. Er schrieb: „Nichtchristliche ›Mystik‹ wird vorwiegend ein vom Menschen und von der Welt aus zu Gott hin entworfener und gebahnter Weg sein, deshalb ein der Inkarnationsbewegung Gottes entgegengesetzter Weg der Entweltlichung, Vergeistigung, künstlicher und technischer Entledigung von allem Begrenzten, um im Entgrenzten dem ›Absoluten‹ zu begegnen"[23].

Christliche Frömmigkeit hat kraft der Offenbarung ein „Voraus" und ein „Zugrunde". Christliche Spiritualität ist *nicht blinde Aktion hin zu Gott, sondern sehende Reaktion auf Gott; sie ist nicht Wort, sondern Ant-Wort!* Und worauf reagiert der Christ? Er antwortet auf die objektive Liebeszuwendung Gottes, die in Jesus Christus konkret schon im Raum der Geschichte geschehen ist und durch den Heiligen Geist vergegenwärtigt wird. Das unterscheidend Christliche liegt also darin: Während nichtchristliche Religiosität vor der Aufgabe steht, sich selbst eine Brücke hinüber in die Sphäre Gottes zu bauen, ist uns Christen diese Brücke schon objektiv vorgebildet in Jesus Christus und wird beschritten im Heiligen Geist.

Hinsichtlich der Spiritualität bedeutet dies, dass es im Christlichen eine uneinholbare „Priorität des offenbarenden Mysteriums"[24] gibt. Die Zuwendung *Gottes zum Menschen* ist das Primäre und Grundlegende, die geistliche Hinwendung des *Menschen zu Gott* läuft sekundär zu diesem Handeln Gottes immer nur hinterher. Gott ist dem Menschen uneinholbar voraus oder wie im 1. Johannesbrief formuliert: „Nicht darin besteht die Liebe, dass *wir* Gott geliebt haben, sondern dass *er* uns geliebt und seinen Sohn als Sühne für unsere Sünden gesandt hat"[25].

Daraus folgt: Wenn christliche Spiritualität ein objektives „Voraus" hat, nämlich das Kommen Gottes in unsere Welt in Jesus Christus, dann ist Frömmigkeit nicht mehr blindes Suchen, sondern ein gläubiges Schauen auf etwas, das von Gott vorgegeben ist. Je tiefer jemand die objektive Vorgabe im Glauben schaut, desto tiefer wird er auch in seiner subjektiven Frömmigkeit von dieser Vorgabe leben. In dem berühmten Aufsatz „Theologie und Heiligkeit" hat Balthasar darauf hingewiesen, dass – zumindest bis ins Mittelalter – die großen Heiligen der Kirche zugleich die großen Theologen waren.[26]

Christologische Konkretion statt religiöser Abstraktion

Wir haben damit schon ein wichtiges Kriterium christlicher Spiritualität genannt: dass sie unter dem Maßstab der konkreten Offenbarung steht, dass sie die Schau des objektiven Offenbarungsmysteriums voraussetzt.[27] Während nichtchristliche Spiritualität sich in einen Gott zu versenken versucht, den sie bestenfalls ahnt, der aber letztlich immer ein Abstraktum bleibt, hat christliche Spiritualität etwas Konkretes als Voraussetzung, nämlich die geschichtliche Selbstoffenbarung Gottes, der „um unseres Heiles willen herabgestiegen und Fleisch und Mensch geworden ist", so das Nicänoconstantinopolitanum.

Die Deszendenz Gottes bedeutet eine Beruhigung: Für den Nichtchristen ist die Einigung mit Gott immer nur ein vages Postulat; ihm ist niemals Gewissheit gegeben, dass er dem Göttlichen wirklich begegnen kann. Was garantiert ihm, dass er durch Meditieren und Transzendieren wirklich dem großen anderen, dem wahrhaft Göttlichen begegnet, und nicht bloß den Auswüchsen seiner eigenen Fantasie und Phänomenen der eigenen Psychologie? Der Christ hingegen weiß, dass Gottesbegegnung nicht nur möglich ist, sondern ihm real geschichtlich in der Inkarnation Gottes verbürgt ist.

Was daraus folgt, ist jedoch die zentrale Verwiesenheit auf die Person und Gestalt Jesu Christi, weil „alle Straßen vom Himmel her zusammenlaufen zu dem einen ›Tor‹, durch das jeder hindurch muss, der zum Vater will"[28]. Der Gott, der außerchristlich das verborgene *Abstractum* ist, ist in Christus zum *Concretum* geworden. Das fleischgewordene göttliche Wort ist nicht ein Nebel der Fantasie, sondern es ist anschaubar, hörbar und anfassbar geworden (vgl. 1 Joh 1,1). Darum muss die christliche Kontemplation sich „dauernd an die Rockschöße des Wortes klammern"[29]. Sie muss *biblisch* sein in umfassendem Sinn. Das war eine entscheidende Forderung, die Balthasar an die christliche Meditation stellte. Aus diesem Grund verfasste er viele Schriftkommentare praktischer Art, Erklärungen zu den Sonntagslesungen und veröffentlichte darüber hinaus unzählige Betrachtungsbücher der Adrienne von Speyr über die Heilige Schrift.

Hier zeigt sich ein entscheidender Unterschied: Je tiefer

die nichtchristliche Meditation dringt, desto mehr wird sie
sich vom Wort, vom Begriff abwenden. Am Ende steht das
Schweigen, die „*Sigé*", wie sie schon in der Antike, vor allem
in der Gnosis, hochgeschätzt wurde. Gott bleibt der Unbe-
kannte. Je tiefer jemand nichtchristlich meditiert, desto mehr
wird ihm diese Unbekanntheit aufgehen. Der Meditierende
erfährt Gott als unergründlich und unerreichbar: als das
„Nichtseiende Nichts", wie manche Formen des Buddhismus
es ausdrücken, als die unzugängliche Abstraktion, die Negation jeder Begrifflichkeit, das *Yin und Yang* in einem. Was
dann bleibt, ist *eine Art erleuchteter Resignation, die sich
durchaus religiös gebärden kann: „Der Weg ist das Ziel!"*
Dies bedeutet, dass angesichts des Schweigens Gottes Religion nur eines bedeuten kann: Immer nur suchen, nie finden!
Immer auf dem Weg – und damit schon zufrieden zu sein.
Östliche Religiosität begreift Gott als etwas, das sich verschweigt, als „Unwort", wie Balthasar es nannte. Wenn Gott
aber schweigendes Unwort ist, dann kann diese Religiosität
nur darin bestehen, zurückzuschweigen.[30]

Doch wird im Christlichen, wo das Geheimnis Gottes so
konkret, so leibhaft und gestalthaft in Jesus Christus betrachtet wird, und wo es dann im Kult der Kirche nochmals
sakramental-dinglich festgemacht wird, nicht eben dieses Geheimnis entblößt und verraten? Verstehen hier die Religionen,
die eine absolut abstrakte und apersonale, eine neutrische und
polaritätslose Gottheit lehren, dies nicht tiefer? Schützen nicht
sie das unfassliche Mysterium des Göttlichen mehr? Sind
nicht gerade sie „ehrfürchtiger" im Angesicht des Geheimnisses Gottes?

Die Antwort Balthasars ist ein vehementes Nein! Die abstrakte Göttlichkeit der östlichen Religionen ist weit weniger
Mysterium als das, was uns in der konkreten geschichtlichen
Offenbarungsgestalt Jesu Christi entgegentritt. Gott ist in seinem fleischgewordenen Wort zwar anschaubar, betrachtbar,

ja sakramental „betastbar", aber gerade hier kann der Mensch seiner nie habhaft werden. Denn je konkreter Gott sein Geheimnis preisgibt, desto unauslotbarer und unfasslicher wird die Größe dieses Geheimnisses. Mit Aristoteles und Thomas gesprochen: Wenn die nichtchristlich Religiösen *Gott als dunkles Mysterium* begreifen, dann deshalb, weil sie ob der abstrakten Finsternis nichts sehen. Wenn wir Christen unsere Augen vor Gott verschließen, dann nicht wegen seiner Finsternis, sondern wegen seiner Überhelle: Christliche Betrachtung ist immer der *Blick des Nachtvogels in das überhelle Licht.*[31] Je offenbarer Gott ist, desto verhüllter. Das christliche Mysterium ist „die im Erfassen fassbar gewordene Unfasslichkeit Gottes"[32].

Kein Aufstieg!

Nach Balthasar steht christliche Spiritualität unter dem Prius des inkarnatorischen Abstieges Gottes. Und dieses Prius ist ein wichtiges Kriterium der christlichen Meditation. *Es schließt jedes selbstische Aufsteigen zu Gott kategorisch aus.* Der nichtchristlich Meditierende möchte aufsteigen, die Endlichkeit abstreifen, sich vergeistigend sogar von Begriff und Anschauung läutern. Dabei geht es oft um ein psychologisch antrainiertes Sich-Abwenden von der äußeren Welt hin auf bloße Innerlichkeit.[33] Dahinter steckt für Balthasar eine platonische Auffassung vom Menschen, die der Würde seiner Leiblichkeit und Sinnlichkeit nicht gerecht wird. Es handelt sich um eine „anthropologische Reduktion" auf Geistigkeit, in der der Leib nur eine hinderliche Hülle ist, mit der die arme Seele zwangsläufig verbunden ist: Soma – sema![34]

Auch im Christentum gab es unter dem Einfluss des Neuplatonismus Formen solcher Aufstiegsfrömmigkeit. Balthasar zögerte nicht, hier auch im innerkirchlichen Raum sehr kritisch zu sein, selbst Augustinus wurde nicht ausgenommen.[35]

Im Blick auf Meister Eckehart sagte er etwa, dass eine solche „Himmelsleiter-Spiritualität" im Mittelalter „größte Verheerungen" angerichtet habe, da sie „entgegen der inkarnatorischen Grundtendenz" eine „stufenweise Entleiblichung" anstrebe. Hier handle es sich schlicht um „neuplatonisierende Irrwege"[36] in der Kirche. So stand Balthasar dem klassischen Schema – Läuterung, Erleuchtung, Einigung (purificatio, illuminatio, unio) sehr kritisch gegenüber – vor allem, wenn darunter ein „Hinaus" aus der Weltwirklichkeit verstanden wird. Überall, wo eine aufsteigende Abwendung vom Materiellen, vom Begrifflichen das Ziel ist, ist das Christliche verlassen.[37] Das genannte Schema sei schon deshalb bedenklich, weil es eine Art sukzessiver Reihenfolge nahe lege. Der Christ durchschreitet aber die Stadien nicht stufenweise, sondern *meist simultan:* Höchste Gnaden bräutlicher Einigung schließen nicht Momente tiefster Traurigkeit und Einsamkeit aus.

In der östlichen Meditation spricht man von „Sich-Versenken" und „Transzendieren" und meint damit die Abkehr vom Irdischen, das „Hinaus" in den Raum einer weltlosen Einheit. Nach Balthasar ist dieses *Entschweben* ein Verrat an der eigenen Geschichtlichkeit. Christliche Meditation ist anders: sie ist nicht Entschwebung und Abkehr, sondern „Einfleischung" und Einkehr des Göttlichen in eben diese konkrete eigene Geschichte. Die Einigung zwischen Seele und Gott erfolgt nicht im verzückten Jenseits, sondern in der realen Lebensgeschichte. Immer wieder kommt Balthasar in diesem Zusammenhang auf *Maria* zu sprechen, die der Inbegriff dieser Einigung mitten in der Lebenswirklichkeit, ja mitten in der Leiblichkeit ist. *Maria* ist zu dieser Vereinigung nicht meditativ aufgestiegen, sondern Gott ist in ihre Geschichte hinabgestiegen. Die Voraussetzung auf ihrer Seite war allein *die armuthafte Offenheit.* Das ist das „marianische Prinzip", das jeder christlichen Meditation zugrunde liegt.[38]

Keine Technik!

Zur „Marianität" der christlichen Spiritualität gehört auch, dass sie niemals „machbar" oder „technisierbar" ist. In der östlichen Religiosität ist Methode und Technik der Meditation sehr wichtig, ja oft entscheidend. Es gibt eigene Meister, Lehrer und Gurus, die diese weitervermitteln, um so den Jünger durch die Körperbeherrschung des Atmens und Sitzens zu geistiger Konzentration und psychischer Entspannung zu führen, um so einen Zustand der Erleuchtung herbeizuführen. Nach dem schon zitierten Trendforscher Matthias Horx geht ein Teil der Faszination des Östlichen von dieser *Machbarkeit und Erlernbarkeit* aus. Der Konsum-Mensch liebt es eben, sich die Befriedigung seiner Bedürfnisse kaufen zu können, warum nicht auch auf religiöser Ebene! Und je teurer und fordernder der entsprechende Kurs ist, desto mehr scheint es seinem Narzissmus zu schmeicheln. Kein Wunder, dass „*Business Religion*" floriert.[39]

Nach Balthasar hat christliche Meditation aber unabhängig von Technik zu sein! Er weist schlicht darauf hin, dass in der Schrift „nirgends auch nur im geringsten ... eine technische Anweisung zum Meditieren gegeben" wird. „Jesus hat nie mit seinen Jüngern Meditationsübungen durchgeführt; er lehrte sie ein schlichtes mündliches Gebet."[40] Für ihn stellt die Technisierung des Religiösen eine prometheische Anmaßung dar: der Mensch maßt sich an, mit eigener Kraft (Technik!) nach dem Göttlichen zu greifen. Doch mit Kniff und Methode kann man den wahren Gott nicht zwingen, das ist Magie und Götzendienst, das ist eine hochmütige Anmaßung gegenüber dem Geheimnis Gottes. Man will sich nicht beschenken lassen, sondern möchte es selbst erwirtschaften! Ganz im Widerspruch zum Evangelium, denn was dort gefordert wird, ist einzig die marianische „Armut im Geiste"!

Scharf formuliert Balthasar: „Wer Techniken anwendet

und übt, um zur ›Sammlung‹, ›Konzentration‹, ›Abschaltung‹, ›Ichfindung‹, zur Erweiterung des eigenen Innenraumes – ob durch ›transzendentale Meditation‹, Yoga, Zen oder was auch immer für Übungen – hinzugelangen, ist nicht arm im Geiste. Er ist vielmehr voll des Könnens und Vermögens, er gehört zu den ›Reichen‹, die nicht durch das Nadelöhr kommen, zu den ›Weisen und Klugen‹, denen es der Vater verborgen hat. Er ist letztlich ein Pharisäer, der auf seine Werke vertraut, anstatt sich Gott glaubend anzuvertrauen, denn Technik ist Leistung, auch wenn sie darauf zielt, die innere Armut ›hinzukriegen‹."[41] Und weiter: „Kann einer, der die acht Yogastufen ‚beherrscht‘, wirklich ‚arm‘ im Geiste genannt werden?"[42] Deshalb gehört es zum Christsein, mit Paulus sagen zu können: „Denn wir wissen ja nicht, worum wir in rechter Weise beten sollen" (Röm 8,26).

Man beachte, dass Balthasar damit nicht meint, man solle bestimmte praktische Voraussetzungen für das Gebet und die Betrachtung vernachlässigen. Natürlich braucht es Stille, Gelassenheit, vorbereitende Akte der Hingabe usw. Aber in alledem geht es nur darum, in einer geeigneten äußeren Atmosphäre eine innere Haltung der Offenheit zu schaffen. Diese Vorbereitungen, die durchaus auch die Körperhaltung betreffen können, haben nichts mit dem krampfhaften Erstreben und Erwirken von Erleuchtungszuständen zu tun. Was und wie Gott sich dem Betenden mitteilt, bleibt allein *Seine* Sache! Die Gottesbegegnung nimmt man sich nicht, man erhält sie geschenkt.

Verfügtsein

Ein weiteres Kriterium ist die Verfügbarkeit. Die Problematik östlicher Meditation liegt in der Tatsache, dass das Ich-Selbst es ist, das hier etwas Ich-Selbsthaftes tut, oft auch ausdrücklich um dieses Ich-Selbst willen. Es geht um „*Selbst*findung",

um „*Selbst*beruhigung", um „*Selbst*reinigung", zumindest um
die eigene Erbauung. Nach Balthasar sind das alles egoisti-
sche Gesichtspunkte, die diese Meditationsformen zur „reinen Unfruchtbarkeit" verurteilen.[43] Christliche Meditation ist
anders. Sie erstrebt nicht selbstgenießerische Weltabgehoben-
heit, sondern Gottesbegegnung. Und diese Begegnung ist
möglich und verbürgt in Jesus Christus.

Jede Meditation, die nicht von der Christusmitte ausgeht,
wird ihr Ziel in einer Art religiöser Lust sehen. Hier lauert die
Gefahr, eine Intensitätserfahrung, die oft rein psychologischer
Natur sein kann, mit Gottesbegegnung zu verwechseln. Es
wäre eine verkürzte Sicht von Gottesbegegnung, wenn wir
diese nur als erleuchtete oder selbstberuhigende Erbauung
verstünden. Natürlich kann sie *auch* Gefühlserhebung sein,
aber im Christlichen ist die Palette weiter! *Da Christus alle
Zustände des Menschlichen kennt, selbst Verlassenheit, Trockenheit, Trostlosigkeit und Verzweiflung,* können auch alle
diese Zustände, ja *gerade* diese Zustände – Balthasar stimmt
hier Metz zu[44] – echte Formen der Gottesbegegnung sein!

Entscheidend ist hier nicht mehr die Art des Zustandes –
ob beglückt oder bedrückt –, sondern entscheidend ist die Art
der Annahme! Es kommt auf die Haltung an, die eine Haltung der empfänglichen Hellhörigkeit[45] sein muss. Das Beschenken und die Art und Weise des Geschenkes, das ist Sache
Gottes! Was Balthasar in Bezug auf die Eucharistie sagt, gilt
auch auf das Gebet: „Als Christ nimmt man sich nicht selbst,
sondern erhält geschenkt"[46]. Und die Geschenke Gottes können eben auch manchmal die Gestalt der Trockenheit und
Leere, der Nichterfahrung und Nichterbauung haben, auch
das sind echte Einigungsgnaden, Christusgnaden. In Richtung
auf manche charismatischen Bewegungen, bei denen die Erfahrung eine große Rolle spielt, warnte Balthasar: „Katholisch kann ein Nichterfahrender auf der gleichen Stufe der
Heiligkeit stehen wie ein Erfahrender"[47].

Die Meinung, Mystik und Spiritualität sei nur als Selbst-
erbauung, Verzückung und seliges Schweben zu verstehen, ist
für Balthasar nicht nur naiv; sie widerspricht auch dem christlichen Glauben. Natürlich gibt es für den Christen österliche
Gnaden wie Trost und Erbauung, Erhebung und Stärkung,
aber es wäre gefährlich, Mystik nur von diesem einen Aspekt
her zu verstehen. Vielmehr gibt es auch Passions- und Öl-
berggnaden. Schon ein Blick auf die großen Mystiker lehrt,
dass die Phasen erhebender Einigung oft nur kurzfristige Phasen waren, begleitet von „Nächten der Sinne und des Geistes". Christliche Spiritualität ist auch dort Spiritualität, wo
sie in tiefster Trostlosigkeit und Verlassenheit standhält.

Für den östlich Meditierenden wären solche Erfahrungen
eine Katastrophe, ein Versagen, doch für den christlichen
Mystiker sind sie immer noch Formen der Einheit mit Gott.
Selbst wenn einer in subjektiver Gottverlassenheit stirbt, ist
dies immer noch „eine Form höchster Einigung mit dem
Herrn", dessen irdische Existenz ja mit eben solcher Gottverlassenheit auf Golgatha endete.[48] Man lese *Georges Bernanos,*
den Lieblingsdichter Balthasars,[49] der mit seinen großen Gestalten – z. B. dem Landpfarrer (Tagebuch eines Landpfarrers)
und Blanche (Die begnadete Angst) – deutlich macht, dass
selbst Angst und Verzweiflung noch mystische Gnaden sind.
Des sterbenden Landpfarrers letzte Worte in der Verlassenheit
lauten: „Alles Gnade!" Christliche Meditation erfolgt nicht
nach der Art des selig lächelnden Buddhas, sondern – wie etwa
auf dem Fastentuch des Nikolaus von Flüe – im Antlitz des
gekreuzigten Christus. Ein Vergleich zwischen den beiden,
dem erleuchteten Buddha und dem Gekreuzigten, erschiene
Balthasar sogar „blasphemisch".[50]

Weil es um Verfügung geht, ist christliches Gebet unego-
istisch, locker und entspannt. Es geht eben nicht um ein Erle-
benmüssen, Erfahrenmüssen, Findenmüssen. Es geht um ein
Gewährenlassen, das Ignatius *„indifferencia"* nannte: Ob

dem Beter die Begegnung mit dem leidenden Christus geschenkt wird oder mit dem siegreich Auferstandenen, mit dem heillos Verachteten oder dem unheilüberwindenden Heiland: Egal!, sagt Balthasar. Denn was immer Gott über den Betenden verfügt, es ist auf jeden Fall Seine Gnade!

Sendung

Des weiteren: In der christlichen Kontemplation wird der Sinn dafür geweckt, dass Gott eben nicht ein abstraktes Irgendetwas ist, sondern uns in der Konkretheit des menschgewordenen Sohnes begegnet. Es ist die Erkenntnis, dass der Mitmensch „Sakrament" ist, dass uns „in diesem Mitmenschen der ewige Gott begegnet".[51] Dies bedeutet, dass unmittelbare Gottesbegegnung stattfindet, wenn man konkret und praktisch dem Mitmenschen dient. Der Weltdienst des Christen ist Gottesdienst!

Natürlich betont Balthasar – ganz in der bewährten Tradition der Kirche – dass dieser karitativ-soziale Einsatz nur auf der Basis eines tiefen kontemplativen Lebens diese Tiefendimension erreichen kann. Nur wer im Quellgrund des Christlichen verharrt, kann etwas in die Welt hinausströmen, wer sich von dieser Quelle abschneidet, wird bald versiegen.[52] Kurz: „Keine äußere Aktion ohne innere Kontemplation", denn „der kontemplative Akt ist der aller äußeren Aktion dauernd grundlegende Akt"[53].

Ein unterscheidend christliches Merkmal ist hier aber sichtbar geworden: Christliche Meditation ist immer auch Sendung in die Welt. *Gott nimmt den Betenden, um ihn zu verschenken.* Das gilt sogar für die so genannten „rein kontemplativen" Ordensleute; auch diese leben nicht für ihren Selbstzweck der geistlichen Erbauung, sondern haben eine soziale und eine Kirche und Welt umfassende Sendung. Das Musterbeispiel für Balthasar ist hier die kleine *Therese vom*

Kinde Jesu, die, wenngleich verborgen in der Klausur des Karmel, dennoch Patronin der Missionen werden konnte.

Dieser „Weltdienst" des christlich Meditierenden ergibt sich schon daraus, dass seine Meditation ihn nicht dazu führt, gleichsam den Boden der Realität unter den Füßen zu verlieren und der Welt, die dann nur noch „Schein" ist, zu entfliehen. Die östliche Religiosität ist ja, brutal gesprochen, letztlich eine Form der Imagination und damit Realitätsverweigerung, eine Flucht in den „Schein"[54]. Man lese die Berichte über die Schwestern der Mutter Teresa, die in Kalkutta und anderswo die Siechenden und Sterbenden von den Schwellen der Pagoden und Tempel auflesen. Die *„Sisters of Charity"* sind auch meditierende Menschen, knien täglich mindestens eine Stunde still vor dem Allerheiligsten. Aber aus dieser Meditation folgt nicht das abhebende Durchschauen des Weltscheines – und damit das Übersehen des konkreten Leidens –, sondern im Gegenteil: der aktive und praktische Dienst an den Ärmsten der Armen.

Resultat christlicher Spiritualität ist nicht Flucht aus der Welt, sondern Sendung in die Welt, Sendung zum konkreten Menschen. Dies ist das Resultat des christlichen Gebetes. Gemäß der ignatianischen Devise „Gott in allem finden" bietet sich dem Meditierenden die Vereinigung mit Gott nicht nur in der Abgehobenheit des kontemplativen Aktes. Daraus folgt dann auch, „dass zwischen meiner Meditation und meiner weltlichen Arbeit im Alltag keine Kluft entsteht"[55]. Balthasar war, als Gründer eines Säkularinstitutes, um diesen Aspekt der Spiritualität besonders bemüht. Die *Verschränkung von Gottesdienst und Weltdienst, Kontemplation und Aktion,* war ihm überaus wichtig. Es genügt, dies hier anzudeuten: Klassisch ist dies der Wandel in der Gegenwart Gottes, der dazu führt „Gottes Gegenwart in jedem Einzelnen anzubeten"[56], Gott im „Sakrament des Bruders"[57] zu entdecken.

Trinitarische Erfüllung statt anthropozentrischer Reduktion

Letztens liegt in der nichtchristlichen Mystik die Gefahr, in der Sackgasse des eigenen Selbst zu enden. Schon deshalb, weil solche Mystik ja ausdrücklich nach unmittelbar-subjektivem Erleben, nach Erfahrung, nach Erkenntnis und Erleuchtung sucht. Sie bleibt nach dem Urteil Balthasars „wesentlich mit dem Erlebnis und dem Zustand des Mystikers beschäftigt"[58], und das ist eine anthropozentrische Ebene. Diese latente Egozentrik ist es, die Balthasar so reserviert und kritisch machte: Man möchte durch Meditation etwas haben, man möchte sich selbst etwas nehmen. – Nochmals sei auf die Analyse von Matthias Horx hingewiesen, der es gerade der „Machbarkeit", „Habbarkeit" und „Kaufbarkeit" der neuen Spiritualität zuschreibt, dass sie dem Konsum-Menschen von heute so zusagt.

Doch in manchen östlichen Techniken geht es freilich um das innere Leerwerden, um das Sich-Entleeren, ja um das Sich-Vernichtigen. Gerade dort, wo das Göttliche so abstrakt und übermächtig als „Einheit" vorgestellt wird, muss das Nicht-Eine, das *Andere*, also auch das Ich als Abfall gegenüber dieser göttlichen Einheit gesehen werden. Folglich muss dann ja alles Endliche und Konkrete als „Schein" erkannt und durchschaut werden. Dann ist eben auch das Ich nur „Illusion" und muss meditativ vernichtigt werden. Nach dem bereits Gesagten ist klar, dass Balthasar hier schärfstens protestierte, denn bei dieser „Entwerdung"[59] und „Ent-Ichung"[60] handelt es sich schlicht um eine „Reduktion des Menschen"[61].

Anders beim christlich Meditierenden: Er wird in der Begegnung mit Gott niemals vernichtigt oder entselbstet. Der christliche Gott vernichtigt nicht das hingegebene Ich, sondern er erfüllt es in seiner Selbigkeit.[62] Der Beter wird nicht in eine polaritätslos abstrakte Einheit hinein verschlungen. Warum? Der Grund dafür liegt im Wesen des Christlichen, im dreifaltigen Leben Gottes selbst: Nach dem christlichen Gottesbegriff gibt es Andersheit und Unterschiedenheit schon in Gott selbst, das ist die Trinität. Und dort im Wesen Gottes ist Unterschiedenheit nichts Negatives, sondern etwas zuhöchst Positives, *etwas göttlich Positives!* Denn das Je-anders-Sein des Vaters, Sohnes und Geistes ist ja die Grundlage dafür, dass Gott seinem Wesen nach ein einig-lebendiges Leben der Liebe lebt. Nur Geschiedenes kann sich lieben und sich in der Hingabe einigen.

Der Anfang der Religion liegt in der Erkenntnis der Endlichkeit: Ich als Mensch bin nicht Gott, bin nicht in der letzten Einheit, bin „anders als Gott". Nichtchristliche Religiosität will diese Andersheit nun bewältigen und beseitigen. In der christlichen Spiritualität aber hat auch das „Anders-als-Gott-Sein" seinen positiven Platz, weil es ja schon in Gott das „Andere" gibt, nämlich den Sohn und den Geist, die Balthasar das „Anders *in* Gott"[63] nennt. Meditation zielt nicht darauf ab, aus seinem personalen Ich in ein abstraktes Nirwana hinüberzutauchen. Das Ziel der christlichen Spiritualität ist, dass der Mensch von seinem „Anders *als* Gott" in das „Anders *in* Gott" hinüber wächst! Und dieser Wechsel ist ihm durch die Menschwerdung grundsätzlich ermöglicht, weil der Christ „in Christus" Raum erhält im eigenen Leben Gottes. Im Glauben, im Gebet und in der Betrachtung wird dieser trinitarische Ort als Heimat begriffen und erlebt.

Spiritualität ist nicht gleich Spiritualität!

„Geist" gibt es in den Religionen zur Genüge. Aber dieser „Geist" hat nach Balthasar mit dem Heiligen Geist oft wenig zu tun. Die „Verwechslung von menschlichem und göttlichem Geist" kennzeichnet „alle anspruchsvolleren religiös-philosophischen Spekulationen"[64]. *Deshalb ist Spiritualität auch nicht gleich Spiritualität,* denn das Christliche hat seine eigenen Kriterien, die aus dem innersten Wesen kommen. Der eingangs erwähnte Zorn Balthasars ist nach dem Gesagten hoffentlich besser verständlich.

Balthasar war unermüdlich tätig, nicht nur durch seine eigene Schriftstellerei, sondern auch als Herausgeber einer Fülle von geistlichen Texten. Speziell in den Sammlungen des Johannes-Verlages, die Titel tragen wie „Beten heute", „Adoratio", „Christliche Meister" usw., hat er ein aktuelles Forum für authentische christliche Spiritualität geschaffen. Niveauvolle geistliche Texte, Gebetsunterweisungen und Betrachtungen bekannter und weniger bekannter Autoren werden dort vorgestellt. Einige Namen seien genannt: natürlich Adrienne von Speyr, Henri de Lubac, Teilhard de Chardin, Madeleine Delbrêl, Yves Raguin, Paul Claudel, Fernant Guimet, Henri Caffarel, André Louf, Pierre Kardinal de Bérulle, Jean-Marie Kardinal Lustiger usw.

Es ist ein kleiner, aber beachtlicher Teil des reichen spirituellen Schatzes der Kirche, den Balthasar hier zusammengetragen hat. Schon 1976 sagte Balthasar in einem Interview, dass ihm die spirituelle Fruchtbarkeit *wichtiger* sei als alles andere, wichtiger auch als seine eigene Theologie.[65]

Seine Bemühung um die Authentizität der christlichen, katholischen Spiritualität ist deshalb das größte Geschenk, das er der Kirche hinterlassen hat. Dank einer solchen theologischen Klarheit muss unsere christliche Spiritualität wieder die Dynamik und Kraft des Heiligen Geistes gewinnen.

3. Kapitel

Die Erneuerung der Kirche
aus der Eucharistie

Verlust des Mysteriums

In der Eucharistie feiern wir das Zentralste des christlichen Glaubens. Dieses Sakrament fasst das „Mysterium fidei", das „Geheimnis des Glaubens" zusammen, stellt es im Sakrament dar und bringt es in der Gnade zur Wirkung. Im Zugang zur Eucharistie liegt ein wesentlicher Punkt in der Überzeugung von der wahren Gegenwart Christi in diesem Sakrament: Der verklärte Herr Jesus Christus ist sakramental gegenwärtig, er ist „real präsent" und „wirklich anwesend". Das kirchliche Lehramt hat gerade in der Morgenröte des 3. Jahrtausends in gewichtiger Weise die Bedeutung der Eucharistie vor Augen gestellt. Es ist wohl göttliche Fügung, dass die Enzyklika „Ecclesia de Eucharistia" von 2003 die letzte Enzyklika des großen Papstes Johannes Paul II. sein sollte, in der er eindringlich die Bedeutung der Eucharistie für das Leben der Kirche hervorgehoben hat. Diesem päpstlichen Lehrschreiben folgte im Jahr 2004 die Instruktion „Redemptionis Sacramentum" – „über einige Dinge bezüglich der heiligsten Eucharistie, die einzuhalten und zu vermeiden sind". Der Wunsch des Lehramtes ist jedenfalls eindeutig: die Kirche noch stärker und tiefer im Mysterium der eucharistischen Gegenwart des Herrn zu verankern.

Vor dem Geheimnis der Eucharistie beugen wir bei der Heiligen Messe die Knie. Dieses Mysterium lässt uns umso mehr erschauern, je tiefer wir es bedenken. So ist es dem heiligen Thomas von Aquin, dem tiefsten Denker des katholischen Glaubens, in seinem berühmten eucharistischen Erlebnis vom 6. Dezember 1273 ergangen: Was Thomas bei dieser Heiligen Messe eigentlich widerfuhr, was diesen genialen Theologen so erschütterte, wissen wir nicht. Tatsache ist, dass es sich um ein Erlebnis gehandelt haben muss, das Thomas tief veränderte. Gerade jenen Denker, der wie kein anderer Theologe vor ihm die Eucharistielehre bis ins Detail durchdacht hatte und der der Kirche die kraftvollen Eucharistie-Hymnen schenkte. Die Summa theologica, an der er sieben Jahre lang gearbeitet hatte, blieb nach dem Erlebnis des Nikolaustages 1273 unvollendet. „Ich kann nicht mehr", sagte Thomas zu seinem Sekretär Reginald von Piperno. „Ich kann nicht mehr. Alles, was ich geschrieben habe, kommt mir vor wie Stroh im Vergleich zu dem, was ich geschaut habe"[1].

Was auch immer man über die Eucharistie, über die Gegenwart des Herrn in diesem Sakrament sagen kann, ist bruchstückhaft und hat die Qualität eines aus Worten und Begriffen gedroschenen „Strohs"[2]. Doch dieses „Stroh" müssen wir dreschen, selbst wenn unsere Überlegungen in Form und Inhalt nur fragmentarisch und skizzenhaft bleiben, denn die Eucharistie ist das Herzensgeheimnis der Kirche, nach den berühmten Worten des Konzils „Quelle und Höhepunkt des gesamten christlichen Lebens"[3].

Die Krise der Eucharistie als Krise der Kirche

Wir denken über die Gegenwart Christi in der Eucharistie nach. Schon unsere abendländische Kultur bezeugt uns, dass es sich hierbei keinesfalls um ein Randthema der Theologie oder eine spekulative Spitzfindigkeit handelt. Bezeugen nicht unsere prachtvollen Kirchenbauten durch ihre romanisch-gotische Klarheit oder ihre barocke Pracht, durch ihr goldenes

Schmuckwerk und ihre aufragenden Türme den Glauben
ihrer Erbauer an die Gegenwart Gottes: „Denn welche große
Nation hätte Götter, die ihr so nah sind, wie Jahwe, unser
Gott, uns nah ist?" (Dtn 4,7). Als Abbilder des Himmels, als
Wohnstätten des nahen Gottes, des gegenwärtigen Herrn, der
sich auf Erden ein „Tabernaculum", also ein Zelt aufschla-
gen will (vgl. Joh 1,14), hat man diese Kirchen erbaut. Doch
wird die geistliche Tiefe all dessen heute noch in ausreichen-
dem Maße verstanden, wird das Mysterium der eucharistischen Gegenwart uneingeschränkt geglaubt, und wird dieser
Glaube gelebt?

Dass die Kirche in unserer westlichen Gesellschaft in eine
Krise geraten ist, wird von niemandem bestritten. Seit Paul
VI. haben die Päpste diese Krise immer wieder beklagt. Alle
berühmten Theologen, in jüngerer Zeit am umfassendsten die
Kardinäle de Lubac, Balthasar und Ratzinger, haben die Ursachen analysiert und kommentiert. Die Kirchenkrise manifestiert sich gerade als Krise der Eucharistie, als Krise des
Eucharistieverständnisses. Oder wird man umgekehrt sagen
müssen, dass die Krise der Kirche von der Krise der Eucharistie verursacht wurde?

Die Symptome dieser Krise sind in der Kirche allgegenwärtig. Sie reichen von den absurdesten Formen selbstkons-
truierter Messliturgien bis zum Verschwinden der Tabernakel
aus unseren Kirchen. Der Verlust der Mystik in der Liturgie
wird mittlerweile selbst von jenen beklagt, die in der unmit-
telbaren Zeit nach dem Konzil die Vorreiter einer politischen
oder sozial-geschwisterlichen Kirchenkultur waren. Der Verlust der mystischen Dimension zeigt sich drastisch am Niedergang der Anbetungsfrömmigkeit. Weder die Appelle des
Lehramtes noch die der großen Theologen wie Hans Urs
von Balthasar[4] und selbst Karl Rahner[5] konnten daran bis-
lang viel ändern.

Wird noch an die Gegenwart Christi im Altarssakrament

geglaubt? Man wird daran auch zweifeln müssen angesichts der betonfarbigen Trostlosigkeit mancher jetzt schon nicht mehr modernen Kirchenbauten. Die symbolistische Architektur früherer Zeiten war noch dem Mysterium verpflichtet, nicht nur dem Zweck. Doch wir müssen uns auch um unsere alten Kirchen sorgen, denn wenn es an der Erkenntnis der Heiligkeit der Eucharistie fehlt, werden auch diese steingewordenen Zeugnisse des eucharistischen Mysteriums zu Museen verkommen. Wie ist es sonst zu erklären, dass sich Christen oft in den eigenen Gotteshäusern ehrfurchtsloser verhalten als in den Tempeln und Bethäusern anderer Religionen?! Was Pius XII. schon im Jahr 1947 in „Mediator Dei" beklagte, dass in einigen Gegenden tagsüber die Kirchen geschlossen bleiben, und deshalb die Anbetung und die Besuche beim Tabernakel vernachlässigt werden[6], ist heute beinahe schon zum Normalfall geworden.

Freilich konserviert man in den meisten Pfarreien noch vielfach die äußeren Formen des eucharistischen Kultes, etwa die eindrucksvollen Erstkommunionfeiern und die traditionellen Fronleichnamsprozessionen. Doch nicht selten haben diese Veranstaltungen, so wird man eingestehen müssen, für viele nur noch das geistige Niveau sentimentaler Kinderfeste oder dörflicher Folkloreaufmärsche.

Die Krise des Eucharistieverständnisses wird vielfach in der Erstkommunionvorbereitung deutlich. Ohne pauschal urteilen zu wollen, wird man sagen müssen, dass viele Behelfe dem Glauben der Kirche an die Eucharistie weder theologisch noch pastoral gerecht werden. Von der persönlichen Gegenwart Christi in der Eucharistie ist dort kaum noch die Rede. Dies ist nicht nur theologisch zweifelhaft, sondern auch pädagogisch unzureichend. Wenn die Heilige Messe nur noch aus dem Mahl des „heiligen Brotes" besteht, wie sollen dann die Kinder eine persönliche Beziehung zu Jesus Christus, ihrem Freund, der in der Kommunion zu ihnen kommen will, entwickeln? Vielfach scheint dort etwas propagiert zu werden, das mehr einem heidnischen Brot- und Nahrungskult gleicht als dem Opfer der Hingabe Christi, das er uns in den dramatischen Stunden vor seiner Kreuzigung hinterlassen hat. Schon die Titelbilder vieler Behelfe oder Gedenkbücher zur Erstkommunion führen in die Irre, indem sie darstellen, worum es im Tiefsten gerade *nicht* geht: ein knuspriges Brotlaibchen und ein prickelndes Gläschen Wein. Wenn solch ein gemeinschaftliches Essen knuspriger Brötchen das Wesen der Eucharistie sein sollte, dann wären wir allerdings im Gasthaus besser aufgehoben als in der Kirche.

Die Krise des Eucharistieverständnisses hat noch viele Symptome wie etwa den Niedergang der Beichtpraxis, die geistlose Selbstverständlichkeit, mit der viele – oft ungebeichtet und unvorbereitet – das heiligste Sakrament empfangen; oder auch den Anspruch, den man auf den Empfang des Herrenleibes erhebt, selbst wenn die Lebenssituation der Heiligkeit des Sakramentes entgegengesetzt ist.

Schließlich manifestiert sich die Krise auch als Krise des Priestertums. Wenn der Priester das Mysterium der Eucharistie in seiner Tiefe nicht erkennt, dann wird die tägliche Zelebration der Messe zur Last, und folglich wird die priesterliche Lebensform, die sich doch einzig aus der Intimität des Priesters mit dem göttlichen Herrn ergibt, zusehends unlebbar. Es ist übrigens bemerkenswert, dass gerade jene Orden durchaus lebensfähig sind, in denen die Eucharistie würdig gefeiert wird und eine Atmosphäre der eucharistischen Anbetung und der marianischen Hingabe herrscht.

Es scheint, dass der Glaube an die reale Gegenwart Christi in der Eucharistie noch selten so geschwächt war wie heute. Und deshalb ist die Kirche insgesamt in ihrer Vitalität beeinträchtigt, denn sie wird ja – nach den Worten des Konzils – von der Eucharistie als „Quelle" ihres Lebensvollzuges her erbaut. Vielleicht ist dies auch der Grund, warum viele Men-

schen anderswo das durch die Kirche nicht mehr oder zu
wenig Vermittelte suchen, nämlich die erfahrungshafte Einheit mit Gott, das Erlebnis der Gegenwart des Göttlichen. Es
dürfte wohl keine übertriebene Polemik sein, wenn man in
der Veräußerlichung und Zerredung unserer Liturgie, in dem
dramatischen Verlust der Anbetungskultur und in der Ent-
sakralisierung unserer Gotteshäuser Ursachen bzw. Mitur-
sachen dafür erkennt, dass die gottsuchenden Menschen sich
lieber Gurus und Sekten zuwenden, da diese ihr religiöses Er-
fahrungsdefizit besser zu decken versprechen!

Nachfolgend soll kurz die unverbrüchliche Lehre der
Kirche über die Gegenwart Christi im Altarssakrament dargestellt werden, um dann aber mit einer konkreten Fragestellung an dieses Glaubensgeheimnis heranzugehen: nämlich mit
der Frage, *warum* dieses Dogma so zentral und unverzichtbar
für unser Christsein ist. Wir wollen dabei aus der Perspektive
unserer menschlichen Interessen fragen: Was haben wir
davon, dass der verklärte Christus sich wahrhaft und wirklich
in der Eucharistie vergegenwärtigt?

Die Eucharistielehre der Kirche

Die Lehre der Kirche über die Eucharistie ist komplex und
umfassend, handelt es sich doch um das „Sakrament der Sakramente"[7], den „Inbegriff der ganzen Liturgie"[8]. Im Unterschied zu den anderen Sakramenten wird durch die
Eucharistie die Gnade Gottes nicht nur sakramental vermittelt, sondern der Mittler selbst vergegenwärtigt sich. Die
Glaubenslehre konzentriert sich dabei vor allem auf zwei
Aspekte, nämlich auf die wahre Gegenwart des verklärten
Herrn und auf das wahre Opfer, das Christus – und durch ihn
die Kirche –, in der Feier der Eucharistie sakramental dar-
bringt.[9] Da die Reformatoren im 16. Jahrhundert beides,
wenn auch in verschiedenem Grade, in Frage stellten, ver-

danken wir die wichtigsten Lehraussagen zur Eucharistie dem Konzil von Trient.[10] Gegen den Symbolismus der Reformatoren wird die Realpräsenz betont, welche durch eine *„conversio"* bzw. *„transsubstantiatio"*, also eine Wesenswandlung von Brot und Wein zustande kommt. In einem eigenen Dokument wird die Lehre über das Messopfer präzisiert. Im Auftrag dieses Konzils wurde dann auch die Liturgie von Papst Pius V. reformiert und in eine für die damalige Zeit angemessene Form gebracht.[11]

Das 2. Vatikanum wollte diese liturgischen Formen erneuern, sich dabei aber in der Lehre über die Eucharistie ungebrochen in den großen Traditionsstrom einreihen, wie dies an zahlreichen Stellen der entsprechenden Dokumente nachdrücklich betont wird. Es ist beachtlich, wie oft die Liturgiekonstitution direkt das Tridentinum zitiert.[12] Natürlich wollte man auch an eine dynamischere Sicht der Liturgie, wie man sie dank der Studien der Kirchenväter erkannte, anknüpfen, doch die Absicht war klar: Es ging den Konzilsvätern um die Erneuerung von sklerotisch erstarrten liturgischen Formen um einer Verlebendigung willen. Es sollte eine Reform der Formen werden, um so die dogmatische Substanz pastoral besser zu vermitteln. Doch es gehört zur Tragik unserer Zeit, dass die leidenschaftliche Durchführung dieser liturgischen Reform in Verbindung mit manchen theologischen und pastoralen Neuansätzen mittlerweile eine Situation geschaffen hat, in der die Substanz des katholischen Eucharistieverständnisses insgesamt zu verblassen droht.

Das päpstliche Lehramt musste deshalb in den Jahren nach dem Konzil immer wieder eingreifen, um das authentische Glaubensverständnis zu sichern, so Paul VI. noch 1965 im Jahr des Konzilsabschlusses mit der Enzyklika *„Mysterium Fidei"*, in der er die Transsubstantiationslehre bekräftigte.[13] Zwei Jahre danach folgte die Ritenkongregation mit ihrer Instruktion *„Eucharisticum Mysterium"*[14]. Schließlich beklagte

Johannes Paul II. 1980 in dem an die Bischöfe gerichteten
Schreiben „*Dominicae Cenae*" die unzureichende Eucharistiefrömmigkeit. Er bedauerte ein mangelndes Gespür für die
Natur dieses großen Sakramentes der Liebe, das sich darin
äußere, ohne Empfang des Bußsakramentes zur Kommunion
zu gehen. Die Ursache liege darin, so der Papst, dass man die
Messe nur als ein Mahl betrachte, um die geschwisterliche
Gemeinschaft zum Ausdruck zu bringen.[15] Die Reaktionen
des Lehramtes zeigen jedenfalls, dass die Kirche den Bereich
der Orthodoxie in ihrem Eucharistieverständnis nicht preis-
gegeben hat. Zur Beruhigung genügt schon ein Blick in den
„Katechismus der Katholischen Kirche"[16] oder für juristisch
Gesinnte das Studium der entsprechenden Canones im Codex
des Kirchlichen Rechtes.[17]

Es ist offensichtlich, dass die Kirche in ihrem Glauben,
dass Christus in der Eucharistie auf einzigartige Weise gegenwärtig ist, ungebrochen ist. Im Geschehen der Messe, die Op-
fergedächtnis und österliches Mahl ist, werden die Gaben von
Brot und Wein substantiell verwandelt. Seit dem 4. Laterankonzil fasst die Kirche diesen Glauben im Begriff der „We-
sensverwandlung", der „*transsubstantiatio*"[18], zusammen.
Anders als für die reformierten Kirchen sind die eucharistischen Gestalten nicht bloß „Anlass", dass wir subjektiv an
die Gegenwart Christi glauben, sondern vielmehr ist Christus objektiv da. Die Realpräsenz ist unbeeinflusst von unserem Glauben und unserer subjektiven Haltung, weil Christus
selbst seine Gegenwart wirkt. Zudem lehrt der katholische
Glaube, dass der „*totus Christus*", der „ganze Christus", gegenwärtig wird. Eine Formulierung des Tridentinums, welche
vom Weltkatechismus zitiert wird, lautet, dass in der Eucharistie „wahrhaft, wirklich und substanzhaft der Leib und das
Blut zusammen mit der Seele und Gottheit unseres Herrn
Jesus Christus" enthalten sind.[19]

Natürlich weiß die Kirche, dass die Eucharistie nicht die

einzige Weise der Gegenwart Christi ist[20]. Er ist darüber hinaus gegenwärtig in seinem Wort, im Gebet (vgl. Mt 18,20), in den Armen, Kranken und Gefangenen, in allen Sakramenten auf je-spezifisch wirksame Weise, so auch repräsentativ im Priester, der den Dienst vollzieht. Und die Kirche insgesamt ist ja der geheimnisvoll fortlebende mystische Leib Christi und deshalb selbst „Sakrament für das Heil der Welt"[21]. Die eucharistische Gegenwart aber überragt alle diese Gegenwartsformen, ja verdichtet sie im Sakrament. Das Konzil formulierte: „vor allem ist er gegenwärtig unter den eucharistischen Gestalten, *tum maxime sub speciebus eucharisticis*"[22]. Die Betonung liegt auf dem *„maxime"*: Die Eucharistie ist das „maxime" seiner Gegenwart in Form eines Sakramentes. Die ungebrochene katholische Lehre besagt, dass dieses Sakrament geradezu um der Realität der Vergegenwärtigung willen eingesetzt ist. Es scheint so, dass Christus den Seinen den eindrücklichen Realismus dieses einen Sakramentes schenkt, dieses „maxime" seiner Gegenwart, damit wir uns der vielen anderen Weisen seiner Gegenwart in der Kirche überhaupt bewusst werden.

Wir kommen jetzt zu der spezifischen Fragestellung: Wozu diese Gegenwart Christi? Anders formuliert: Was haben wir davon? Um unsere Frage noch etwas drastischer zu formulieren: Ist die Vergegenwärtigung Christi in der Eucharistie etwa eine Art „Privatvergnügen" Gottes? Liegt ihr Sinn nur darin, unserem schwachen Verstand metaphysische Rätsel aufzugeben? Nachfolgend die Antwort in drei Schritten.

Gott ist angekommen

Irenäus sagte im 2. Jahrhundert: „Unsere Denkweise stimmt mit der Eucharistie überein, und die Eucharistie wiederum bestätigt unsere Denkweise!"[23] Er meinte damit, dass die Eucharistie eine Art Zusammenfassung des christlichen Denkens ist, man könnte das Eucharistieverständnis eine „Kurzformel" des Glaubens nennen. Dies ist deshalb der Fall, weil die Eucharistie sakramental das Einzigartige des Christentums komprimiert und manifestiert: Die Eucharistie ist das Sakrament des Kommens Gottes. Und eben darin bildet die Eucharistie das Wesen des Christentums ab, da dieses die Religion der „*Katabasis*", des absteigenden Kommens Gottes ist.

Wir reichen damit an die Wurzeln unseres katholischen Selbstverständnisses, das sich heute inmitten einer pluralistischen, multikulturellen und multireligiösen Welt zu bewähren hat. Die Klärung der Frage, was das Besondere und Unterscheidende des Christentums ist, scheint mir absolut unerlässlich, wollen wir nicht in einer dumpfen Gleichgültigkeit versinken. Aufgrund unseres gläubigen Selbstverständnisses gibt es im Christentum tatsächlich etwas, das es von allen anderen Religionen unterscheidet.

Zunächst stellen wir schlicht fest, dass alle Religionen – und das ist durchaus positiv – nach Gott suchen; ihre Stifter und Gründer schauen hinaus über die Grenzen dieser Endlichkeit, versuchen die Enge der Endlichkeit zu transzendieren, um so den Duft der Unendlichkeit und Erhabenheit des Göttlichen zu erhaschen. Religion ist darin gegeben, dass menschlicher Geist sich auf den Weg macht, hinaus aus der Materialität, um göttlichem Geist zu begegnen.[24]

Jedoch unterscheidet sich das Christentum von „Religion" in diesem Sinne grundlegend, nämlich von seiner Struktur her. Christentum ist anders, ist nicht eine Religion unter vielen Religionen, wie es der reformierte Theologe Karl Barth grimmig betont hatte. Das entscheidende und unterscheidende „*specificum christianum*" liegt in der Umkehr der Richtung: Hier kommt nicht ein religiös-sinnsuchender Mensch zu Gott, sondern Gott kommt zum Menschen. Diese Umkehr der Richtung ist ebenso ungeheuerlich wie skandalös. Die Vorstellung, dass der Mensch *ausbricht* in die Sphäre des Göttlichen, ist allen Religionen gemeinsam. Dass Gott aber *einbricht* in die Sphäre des Endlichen, das ist die Unerfindlichkeit der Offenbarung. Einen fernen, jenseitigen Gott verkünden alle, doch einen Gott, der in Raum und Zeit so sehr „Fleisch geworden ist" (Joh 1,14), dass man ihn „anhören", „anschauen" und sogar „angreifen" kann (vgl. 1 Joh 1,3), das macht „Torheit und Ärgernis" (1 Kor 1,23) des *Christentums* aus!

Der christliche Gottesglaube ist deshalb keine subjektive Selbstsetzung, wie heute Religion meist verstanden wird. Er ist nicht die Vorstellung des Menschen von Gott, sondern vielmehr das, was Gott dem Menschen zu glauben vorstellt. Er ist deshalb das Getroffensein vom Einbruch Gottes in die Welt. Der biblische Gott kommt einfach, immer souverän und überwältigend, wie die Berufungsgeschichten eines Abraham, Mose, eines Jeremia oder Jesaja bezeugen, bis hin zu der Berufung Mariens in der Kammer von Nazareth. Es ist Gott selbst, der hier handelt. Es handelt sich bei den religiösen Erlebnissen der biblischen Gestalten doch um etwas deutlich anderes als beispielsweise bei den Erfahrungen eines Weisen wie Gauthama Siddharta, der seine Erleuchtung gleichsam „herbeimeditierte".

Wenn Gott kommt, dann ist der Mensch überrascht und überwältigt. Selbst Maria „erschrak" (Lk 1,29) im Augenblick, als Gott selbst in der Inkarnation des ewigen Sohnes die Bühne dieser Welt betreten wollte. Das Kommen Gottes, das in der Inkarnation seinen unüberbietbaren Höhepunkt erreichte, begründet also zutiefst ein Verhältnis, in welchem Gott der Aktiv-Schenkende und der Mensch zunächst der Passiv-Beschenkte ist.

Dieses Verhältnis ist das Fundament für alles Tun der Kirche: sie steht bleibend unter dem Gesetz des Zuerst der „*Katabasis*", des absteigenden Kommens Gottes! Das göttliche

„Prius", wie Balthasar es immer wieder genannt hat, ist etwas unendlich Beglückendes, denn es befreit vom religiösen Zwang, sich selbst in das Göttliche empor raffen zu müssen. Freilich ist der Mensch dabei nicht ein reines Passivum. Gott hat zwar das erste Wort gesprochen, aber der Mensch ist zur Ant-Wort, zum Mittun eingeladen. Das Fiat Mariens, in das alles künftige Tun der Kirche eingeordnet ist, ist Re-Aktion auf das Kommen Gottes.

Was hat dies mit der Eucharistie zu tun? Die Eucharistie ist das Sakrament dieser *„Katabasis"*, des absteigenden Kommens Gottes. Man wird durchaus sagen dürfen, dass die Eucharistie sakramental das Mysterium des Kommens Gottes, das Mysterium der Inkarnation, ausdrückt.

Dieses Kommen ist nichts, das von unserer Subjektivität, von unserer Imagination oder Glaubensstärke abhängt, sondern ist etwas, das über uns verfügt wird, das uns „von oben" geschenkt wird. Christus schenkt sich uns im Sakrament, souverän, überwältigend, in gleicher Weise, wie es insgesamt seinem Offenbarungshandeln entspricht, mit der Souveränität, mit der er „in der Nacht, bevor er verraten wurde", die traditionelle Paschafeier zur Anamnese seiner Kreuzeshingabe umfunktionierte. Die von Luther so beanstandete Lehre des *„opus operatum"* bedeutet deshalb im eigentlichen Sinn eine Befreiung: Sie befreit von der Not, sich selbst in die Gegenwart des Herrn glauben zu müssen, und stellt sich unter die freie Souveränität des Wirkens Gottes!

Das rechte Eucharistieverständnis eröffnet deshalb, wie Irenäus meint, die christliche Denkungsart schlechthin. Was ist das für eine Denkungsart? Es ist die Haltung, sich durch das Kommen Christi beschenkt zu wissen. Christus ist nicht deshalb gegenwärtig, weil ich daran glaube, sondern weil er selbst diese Gegenwart gewährt. In unserer Religion ist alles Gnade, ist alles Geschenk. Und die Eucharistie ist die Gabe der Gaben schlechthin.[25]

Gott ist im Fragment gegenwärtig

Die Eucharistie erinnert uns also bleibend an das Urgeheim-
nis unseres Glaubens, an die Menschwerdung Gottes; und sie
stellt dieses Geheimnis sakramental dar. Übrigens hat Fran-
ziskus diese Verbindung zwischen Menschwerdung und Eucharistie tief erkannt, als er zur Weihnachtsmette des Jahres
1223 im Wald von Greccio neben dem Altar eine Krippe er-
richtete.

Die Eucharistie bildet deshalb das Paradox des Mensch-
werdungsglaubens ab. Gott als Mensch, Gottes Fülle in der
kleinen Hostie!? Tertullian hat den Satz formuliert, dass man
so etwas nur deshalb glauben kann, weil es so unausfindlich
und unausdenkbar, so „unmöglich" ist: *„Certum, quia impossibile!"*[26] Dieses Paradox des christlichen Glaubens wird
deutlicher, zieht man die antike Philosophie heran, welche
sich das göttliche Wesen als absolut, unendlich und unsterb-
lich vorstellte. Auch die Weltreligionen zeichnen das Bild eines
überweltlichen Allahs oder einer schlechthin gegensatzlosen
Yin-und-Yang-Einheit, in der sich alle endlichen Gegensätze
auflösen. Alle religiösen Vorstellungen stimmen ja in der Idee
einer unnahbaren Erhabenheit und unfasslichen Absolutheit
Gottes überein.

Demgegenüber steht das Christentum, das einen menschgewordenen Gott verkündet! Wird dieses Paradox nicht
nochmals tiefer zum Skandal, wenn wir einen eucharistiege-
wordenen Gott bekennen? Jesus selbst hat den Juden, die wie
kein anderes Volk von der Erhabenheit Gottes wussten, diesen „Skandal", der in seiner Person selbst liegt, deutlich vor
Augen gestellt. Das Johannesevangelium schildert im 6. Kapitel den Schock, den Jesus mit seiner Brotrede von Kafar-
naum auslöste: Dort nennt er sich das Brot, das vom Himmel
herabgekommen ist, spricht vom Essen seines Fleisches und
vom Trinken seines Blutes, vom Leben, das aus diesem Essen

hervorgeht. Die Reaktion seiner Zuhörer war entsprechend: „Da sagten viele seiner Jünger: Was er sagt, ist unerträglich. Wer kann das anhören?" (Joh 6,60).

Die paradoxale Gestalt der Eucharistie stellt eine beständige intellektuelle Provokation des religiösen Denkens dar: Gottes Fülle im Fragment der Materie! Der Glaube an die Realpräsenz besagt ja nicht weniger als die Tatsache, dass die Hostie der verklärte Herr selbst ist.[27] Deshalb gebührt der Eucharistie ein „*Cultus latriae*"[28], also eine Haltung der Anbetung, die Gott allein zusteht.

Dieses Paradox ist jedoch nicht nur gegeben, um die Eigenmächtigkeit unseres religiösen Denkens zu provozieren und zu kreuzigen, es hat einen noch tieferen Sinn: Wir glauben, dass durch die Wandlung die unscheinbare Materie von Brot und Wein zur Ausdrucksform des Göttlichen wird, denn in ihr und durch sie west und wirkt der verklärte Herr.[29] Das Endliche wird zum Träger, zur Darstellungsform des Göttlichen. Und eben dies ist für unsere Frömmigkeit entscheidend, denn somit lehrt uns die Eucharistie das Gegenteil dessen, was heute viele Formen der Religiosität propagieren. Außerchristliche Frömmigkeit wird sich immer abstrahierend aus dieser Welt hinausmeditieren müssen, weil sie einen Gott, der in dieser Welt anwesend ist, nicht kennt! Gerade das New Age etabliert ja einen entleiblichten und sinnenleeren Spiritualismus.

Entgegen allen spiritualisierenden Fluchtversuchen lehrt uns der Blick auf die Eucharistie, dass sich die göttliche Herrlichkeit in unserer konkreten Welt vergegenwärtigen kann. Der Blick auf die Hostie, die ja gestalthaft das bleibt, was sie ist, nämlich Materie, besagt, dass wir Gott nicht „draußen" suchen müssen, sondern ihm im Inneren unserer Lebenswelt begegnen können, weil hierin die Wahrheit des Satzes erwiesen ist: „*finitum capax infiniti*". Das Sakrament des zu uns gekommenen Gottes lehrt eine Form der Spiritualität, welche die Welt nicht übersieht, sondern gerade in der Zuwendung zur Welt Gott anbetet. Die Eucharistie lehrt, dass „das Unscheinbarste das Kostbarste ist"[30], wie Balthasar schreibt, und verpflichtet, diese Perspektive auch in den Alltag hinein fortzusetzen. Gerade dort ist der Christ gerufen, die Gegenwart Christi zu entdecken: im Sakrament der Armen, der Hungernden und Traurigen, im Sakrament des Nächsten. Hier ist an die Formulierung Mutter Teresas zu erinnern: „Am Morgen bete ich Christus in der Hostie an und am Tag in den Ärmsten der Armen!"

Das Paradox erreicht dann seine tiefste Abgründigkeit, wenn die Gottheit dort anwesend sein möchte, wo sie am wenigsten Platz zu haben scheint: in der Enge meines eigenen Selbst, in mir! Das geschieht in der Kommunion. Bleibt noch zu erwähnen, dass diese „*communio*" nichts Abstraktes ist, kein Nirwana-Zustand, keine psychologische Verflüchtigung unseres Gefühls der Endlichkeit. Da der eucharistisch ausgespendete Christus Person ist, ist auch die Gemeinschaft, die er mit uns in der Eucharistie, in der Kommunion eingehen möchte, eine personale. Es ist eine Beziehung von Gottperson zu Menschperson, die hier gestiftet wird.

Karl Rahner hat den berühmten Satz geprägt, dass der „Gläubige von morgen Mystiker sein wird, oder er wird nicht mehr sein."[31] Doch welche Qualität muss diese Mystik haben? Welche Art von Mystik wird dem Christen die Zukunft eröffnen? Nach Hans Urs von Balthasar ist es nur die konkrete Mystik der persönlichen Christusgemeinschaft. In jedem Akt der eucharistischen Anbetung, in jeder gläubig vollzogenen Kommunion ereignet sich die mystische Begegnung mit dem „*totus Christus*", dem „ganzen Christus", in der sich uns das größere Einswerden mit dem dreifaltigen Gott eröffnet.

Diese Mystik der eucharistischen Vereinigung hat übrigens schon 1215 das 4. Laterankonzil mit subtiler Dialektik ausgedrückt, als es formulierte: „*Ad perficiendum mysterium unitatis accipiamus ipsi de suo, quod accepit ipse de nostro.*"[32] „Um das Geheimnis der Einigung vollkommen zu machen, empfangen wir das von Ihm, was er zuvor vom Unsrigen angenommen hat." Wir dürfen in der Eucharistie ihn empfangen, der zuvor schon uns angenommen hat.

Gott wirkt in der Kraft des Geistes

Die Kirche glaubt nicht bloß, dass Christus „irgendwie" in der Eucharistie gegenwärtig wird, als ob seine Anwesenheit etwas Statisches wäre, sondern sie bringt diese Gegenwart mit der Dynamik des Kreuzesopfers in Verbindung. In unblutiger Weise vergegenwärtigt die Eucharistie das Kreuzesopfer Christi.

Wir brauchen hier nicht weiter auf die Kontroversen über den Opfercharakter, die seit der Reformation ausgefochten werden, einzugehen. Der zentrale Sinn des Opfercharakters der Messe ist darin gelegen, dass die Eucharistie etwas in sich Ereignishaftes ist, das mein Heil, meine Erlösung, meine Befreiung, mein Lebensglück mitbegründet. Christus vergegenwärtigt sich nicht als abstraktes göttliches Etwas, sondern in der Fülle seiner Heilsmacht, die sich in seiner blutigen Selbsthingabe am Kreuz als siegreich über Sünde und Tod erwiesen hat.[33] Dieser Sieg wird durch das Sakrament in die Geschichte hinausgetragen, damit er sich in ihr, mehr noch: in meinem eigenen Leben, verdeutlichen kann. Diese soteriologische Dynamik meint die Kirche, wenn sie gegenüber den Reformatoren vehement verteidigt, dass die Messe ein wahres Sühnopfer ist[34]. Weil durch die Eucharistie Christus objektiv sein Heil in die Geschichte hineinwirkt, formulierte das 2. Vatikanische Konzil: „Sooft das Kreuzesopfer... auf dem Altar gefeiert wird, vollzieht sich das Werk unserer Erlösung"[35].

Wenn feststeht, dass der Herr in der Eucharistie seine Erlösung sakramental fortwirkt, dann muss auch die dauernde sakramentale Gegenwart Christi in irgendeiner Weise an dieser Heilsdynamik teilhaben. Doch auf welche Weise? Die Antwort verweist uns auf den Heiligen Geist! Es ist das Wesen des Geistes, dass er die Dynamik ist, mit der Christus sich und seine Gnade bleibend der Welt einstiftet. Der Geist ist die Frucht seines Opfers am Kreuz, ihn haucht er am Kreuz in die Welt hinein (Lk 23,46; vgl. 1 Joh 5,7f.), durch ihn „beatmet" er die Jünger am Ostermorgen (Joh 20,22f.) und mit diesem Geist salbt er am Pfingsttag seine Kirche mit Feuer und Mut (Apg 2,1-36).

Der Geist ist also bleibend der Aushauch Christi; von diesem Ursprung in Christus kann der Geist nie getrennt werden (1 Kor 12,3). Wo der Herr ist, ist der Geist, ja, wie Paulus formulierte: „Der Herr aber ist der Geist" (2 Kor 3,17). Deshalb muss die eucharistische Gegenwart Christi als etwas zutiefst Pneumatisches verstanden werden. Das wird schon darin deutlich, dass in der Epiklese vor der Wandlung der Heilige Geist über die Gaben von Brot und Wein herab gerufen wird: „Sende deinen Geist auf diese Gaben herab, damit diese uns werden Leib und Blut Deines Sohnes, unseres Herrn Jesus Christus."

Halten wir fest: Zunächst ist die Gegenwart Christi in der Eucharistie nicht statisch-materialistisch zu begreifen. Die Theologie hat darum die Irrlehre des Kafarnaismus scharf zurückgewiesen.[36] Sodann kommt die Gegenwart des Herrn in der Eucharistie aus der Dynamik des Geistes zustande und ist deshalb in dieser Dynamik auch wirkmächtig. Wenn wir hier weiterdenken, werden wir sagen müssen, dass die eucharistische Gegenwart des Herrn nicht anders zu denken ist als eine beständige Aushauchung des Geistes aus seinem geopferten und verklärten Leib.

Die Erfahrung scheint dies ja zu bestätigen, denn lässt sich nicht gerade im anbetenden Verharren das Wirken des Heiligen Geistes zutiefst erspüren? Haucht hier nicht der Herr sei-

nen erlösenden und heilenden Geist in die Abgründe unseres
Herzens? Liegt vielleicht darin der Grund, warum das stille,
eigentlich so unscheinbare Verharren vor dem Tabernakel,
das ohne großartige Meditationstechniken und Konzentra-
tionsübungen auskommt, etwas zuhöchst Dynamisches und
Fruchtbares ist?

Übrigens ergibt sich aus dieser Verbindung des in die Welt
enthauchten Pneumas mit dem eucharistischen Christus ein
Kriterium für die Unterscheidung der Geister, das in dem ver-
wirrenden Getümmel heute von Bedeutung ist. Man kann
davon ausgehen, dass überall dort echte Charismatik im Heiligen Geist vorliegt, wo der eucharistische Herr als Ur-
sprungsprinzip dieses Geistes anerkannt wird; dass aber dort
zweifelhafte Geister schweben, wo die Eucharistie nicht ge-
schätzt und die Gegenwart des Herrn nicht erkannt wird.

Auch wenn wir dabei theologisch nicht ganz abgesicher-
ten Boden betreten, kann davon ausgegangen werden, dass
das bleibende Gegenwärtigsein des Herrn in der Eucharistie
nicht anders zu denken ist als ein fortwährendes Handeln, das
im Schenken des Heiligen Geistes besteht. In der Praxis wird
der Anbeter jedenfalls zur Genüge erfahren, dass vom eucharistischen Herrn eine erlösende, weil geisterfüllte Dynamik
ausgeht!

Praktische Folgerungen

Ich habe versucht, drei wichtige Bedeutungen der Realpräsenz darzustellen, die ihre konkreten Auswirkungen auf das
Gesamt unseres Glaubens und unserer Frömmigkeit haben.
Der Glaube an die eucharistische Gegenwart des Herrn steht
unverzichtbar in der Mitte des *„dogma catholicum"*, er ist
gleichsam dessen Kristallisation und Kumulation. Da Christus uns jedoch die Eucharistie nicht primär zum Zwecke der
theologischen Theoriebildung geschenkt hat, sondern weil er

unsere Lebenspraxis damit heilen wollte („nehmt", „esst",
„trinkt", „handelt"), möchte ich aus dem Gesagten einige
praktische Folgerungen ziehen. Aufgrund der eingangs ge-
schilderten Not der Zeit verwende ich dabei die Form von
Postulaten:

1. *Wir müssen die Eucharistie als Katabasis Gottes feiern,* als „Abstieg des Göttlichen" zu uns. Wir müssen zum
Ausdruck bringen, dass Gott hier am Handeln ist. Dazu gibt
es die Riten und Symbole der Liturgie, damit dadurch sowohl Priester als auch Gläubige zum Ausdruck bringen, dass
hier etwas an ihnen – freilich auch durch sie – geschieht, das
größer ist als sie selbst. Die Eucharistie ist ein *„mysterium
tremendum et fascinosum",* da sich die Herrlichkeit Gottes in
der Demut des eucharistischen Brotes gibt. Dies erfordert
vom Priester liturgische Disziplin bei gleichzeitiger spirituel-
ler Herzlichkeit; von den Gläubigen eine konzentrierte
Offenheit und die Bereitschaft, sich von Wort und Sakrament
wirklich auch persönlich betreffen und verwandeln zu
lassen.

2. *Wir brauchen wieder eine Kultur der sinnenfälligen
Gesten,* in denen sich die Ehrfurcht und Achtung vor dem gegenwärtigen Herrn ausdrückt. Diese Kultur reicht von der
Kniebeuge bis zur architektonischen Gestaltung und Ausschmückung des Kirchenraumes. Lehrmeisterin der „sakramentalen Sinnlichkeit" ist dabei Maria, die den Logos ja in
ihrer Leiblichkeit zur Gestalt gebracht hat. Deshalb gilt das
Axiom: Marienfrömmigkeit führt zu Eucharistiefrömmigkeit
und umgekehrt.

3. *Wir brauchen eine größere dogmatische und pastorale
Sorgfalt in der Katechese über die Eucharistie.* Die Verkündigung der Eucharistie kann sich auch nicht bloß auf den Erst-
kommunionunterricht beschränken, sondern muss ebenso in

der Jugend- und Ehekatechese ihren Platz haben. Es wäre auch wünschenswert, wenn öfter über die Eucharistie gepredigt würde.

4. *Wir brauchen Priester und Ordensleute, die ihre Hingabe an Gott und die Welt aus der Kraftquelle der Eucharistie leben,* sodass deren Lebensstil zum Ausdruck bringt, dass die Eucharistie „Quelle und Höhepunkt" all ihres Tuns ist. Das sind ganz konkret die „Don Camillo-Gestalten", die mit dem Herrn im Tabernakel auf Du und Du leben!

5. *Wir brauchen vor allem die Mystik der eucharistischen Anbetung.* Rechte Eucharistiefrömmigkeit wird es nur dann wieder geben, wenn es auch wieder Anbetungsfrömmigkeit gibt.[37] Jesus hat sein Abschiedswort: „Seid gewiss: Ich bin bei euch alle Tage bis zum Ende der Welt" (Mt 28,20) auf vielfältige Weise wahr gemacht. In all ihren Vollzügen lebt die Kirche aus seiner Gegenwart, aber „*maxime*", so das Konzil, ist er bei uns in der Eucharistie. Wenn wir also nicht unser innerstes Lebensprinzip vergessen wollen, dann brauchen wir die Kultur der Anbetung seiner Gegenwart in unserer Mitte. Wir brauchen gerade diese Mystik, da sie die genuin christliche ist. Und wir brauchen diese Mystik, damit wir auch der sozialen und politischen Verantwortung im Alltag gerecht werden können.

Die abschließenden Worte sollen deshalb jene beiden großen Gestalten an uns richten, durch die die geistliche Erneuerung der Kirche so deutlich wird: Mutter Teresa, die eindringlich appellierte: „Bittet eure Priester, dass sie euch die Möglichkeit zur eucharistischen Anbetung geben!" Und schließlich Johannes Paul II., der in „*Dominicae Cenae*" schrieb: „Die Kirche und die Welt haben die Verehrung der Eucharistie sehr nötig. In diesem Sakrament der Liebe wartet

Jesus selbst auf uns. Keine Zeit sei uns dafür zu schade, um ihm dort zu begegnen: in der Anbetung, in einer Kontemplation voller Glauben, bereit, die große Schuld und alles Unrecht der Welt zu sühnen. Unsere Anbetung sollte nie aufhören."[38]

4. Kapitel

Die Heilige Kommunion und die Ganzhingabe

Die heilige Kommunion, in der wir Christus im Sakrament empfangen, steht in enger Verbindung mit der Ganzhingabe, in der wir uns durch die Hände Mariens Christus weihen.[1] Um die Verbindung aufzuzeigen, müssen wir zuerst die beiden Elemente erklären. Was geschieht bei der heiligen Kommunion? Und: Was meint Ludwig Maria Grignion de Montfort mit der vollkommenen Hingabe?

Was ist die heilige Kommunion?

Zunächst zur heiligen Kommunion: Die eucharistische Vereinigung ist das „Lebens-Mittel" unseres Christseins. Aber was geschieht da eigentlich? Uns ist allen bewusst, dass Christus in der Eucharistiefeier wahrhaft gegenwärtig wird. Die Kirche ist von der „Real-Präsenz" überzeugt: von der „wirklichen Gegenwart" des am Kreuz hingeopferten und siegreich auferstandenen Herrn in den Gestalten von Brot und Wein. Der katholische Glaube bekennt, „dass sogleich nach der Konsekration der wahre Leib unseres Herrn und sein wahres Blut in der Gestalt des Brotes und des Weines zusammen mit seiner Seele und Gottheit da sind"[2] (DH 1640). Für uns Katholiken gibt es nur einen Herrn Jesus Christus, er ist der eine und „einzige Mittler zwischen Gott und den Menschen" (1 Tim 2,5); für uns gibt es nur ein Priestertum, nämlich das

Priestertum des einen Hohenpriesters Jesus Christus (Hebr 2,17; 7,26 u. ö.). Für uns gibt es nur „ein einziges Opfer" (Hebr 10,14), das wahrhaft erlöst und alle Sünden tilgt, nämlich das auf Golgatha. Der eine Mittler und Hohepriester Jesus Christus, sakramental anwesend durch den in sein ein-und-einziges Priestertum hinein geweihten menschlichen Priester, vergegenwärtigt also in jeder Heiligen Messe sein ein-und-einziges Liebesopfer: „Mein Leib, für euch hingegeben! Mein Blut, vergossen zur Vergebung eurer Sünden!"

Und in der heiligen Kommunion erhalten wir an diesem Erlösungswerk Anteil, Kommunion heißt nämlich „Gemeinschaft" oder „Teilhabe". Die heilige Kommunion – diese Häresie muss mit Nachdruck bekämpft werden – beginnt nicht erst mit dem Essen der Hostie! Die heilige Kommunion beginnt schon mit der Mitfeier der Heiligen Messe. Jedes andächtige Mithören, Mitbeten und Mitfeiern der Eucharistie ist eine Form der geistigen Gemeinschaft, der Teilhabe am eucharistischen Christus, der uns dadurch sein Heil zusagt. Jede Mitfeier der Heiligen Messe ist in sich schon „geistliche Gemeinschaft".

Freilich ist diese geistliche Kommunion hingeordnet auf den realen Empfang des Herrenleibes, auf das Essen und Trinken des sakramentalen Leibes und Blutes. In unserer real-menschlichen Wirklichkeit gibt es ja keine tiefere Vereinigung, keine substantiellere Verbindung als die Verinnerlichung durch Nahrung! Schon auf rein materieller Ebene wird durch das Essen andere Materie in uns hineinverwandelt; wir gewinnen aus der Nahrung die notwendige Energie zum biologischen Leben. Darum wollte der Herr das natürliche Zeichen des Essens zum übernatürlichen Sakrament seiner substantiellen Vereinigung mit uns machen: Das Mahl, das Zu-sich-Nehmen als Speise, ist (zwar nur) die Form der Eucharistie, doch ist diese Form ebenso unverzichtbar wie ihr Inhalt, das Opfer! Denn Christus, das geopferte Paschalamm, möchte bei uns wirklich innerlich werden; möchte, dass wir ihn aufnehmen, um uns – analog der irdischen Speise – Stärke und Lebenskraft zu geben.

Was bringt also der Kommunionempfang? Was habe ich von der eucharistischen Vereinigung? – Das neue Kompendium zum Katechismus der Katholischen Kirche formuliert prägnant die Frage: „Welche Früchte bringt die heilige Kommunion?" Die Antwort: „Die heilige Kommunion vertieft unsere Verbundenheit mit Christus und mit seiner Kirche, bewahrt und erneuert das in der Taufe und in der Firmung erhaltene Gnadenleben und lässt uns in der Liebe zum Nächsten wachsen. Indem sie uns in der Liebe stärkt, tilgt sie die lässlichen Sünden und bewahrt uns vor zukünftigen Todsünden."[3]

Es geht also um eine „Vertiefung der Verbundenheit mit Christus", so wird es als erste und entscheidende Wirkung angegeben. Und diese Verbundenheit ereignet sich in der Gestalt eines Sakramentes, in der Feier der Heiligen Messe. Wir beachten hier: Es geht in der eucharistischen Vereinigung um eine „*Vertiefung* der Verbundenheit", d. h. die Qualität von etwas, *das schon vorhanden ist*, das schon grundgelegt ist, wird geändert: Die Verbundenheit mit Christus wird nicht „verursacht" oder „begründet", sondern „vertieft", also eine bereits gegebene Vereinigung wird verstärkt. Dann stellt sich die Frage: Wann und wo aber entsteht die voraus und zugrunde liegende Verbundenheit des Christen? Die Antwort muss natürlich lauten: In der Taufe! Die Taufe ist das Sakrament, das uns, nach der berühmten Formulierung des Konzils von Trient, „von einem Ungerechten zu einem Gerechten, von einem Feind zum Freund Gottes"[4] umwandelt. Die Taufe ist eine grundlegende Umgestaltung des Menschen „en Christo" (Paulus!), in Christus hinein, in die Erlösungsgestalt des auferstandenen Gottmenschen Jesus Christus. Nach der urkirchlichen Tauftheologie des Paulus werden wir hineingetaucht in den Tod Christi, um mit ihm zu leben (vgl. v. a. Röm 6,3-9). Der Getaufte wird den Todesmächten entrissen; er wird weißgewaschen im Blut des Lammes (Offb 7,14) und trägt daher in der urchristlichen Symbolik das weiße Taufkleid der Gnade, weil er „Christus als Gewand angelegt" hat (Gal 3,27). Jeder Getaufte ist daher, wieder nach Paulus, „eine neue Schöpfung" (2 Kor 5,17; Gal 5,15) und kann nochmals mit dem Apostel sagen: „Nicht mehr ich lebe, sondern Christus lebt in mir" (Gal 2,20). Daher trägt der Getaufte auch den Namen Christi, er ist „Christ".

Halten wir also bereits am Anfang fest: Die heilige Kommunion ist nicht Ursache unserer Erlösung, sondern ein wichtiges Mittel – ein „Lebens-Mittel" im eigentlichen Sinn des Wortes! –, die erlösende Christusverbundenheit, die uns durch die Taufe zuteil wurde, zu „vertiefen". Das ist keine Abwertung der Eucharistie, sondern die Stellung, die der Herr selbst seiner Stiftung mit dem Auftrag: „Tut dies zu meinem Gedächtnis!", zugedacht hat. Sein Paschamysterium ist zwar durch die Taufe schon an uns Gläubigen wirksam. Da wir aber in den Koordinaten von Raum und Zeit bleiben, da unsere Seele den Bedingungen der Sünde unterworfen ist, steht unser Leben als Erlöste dennoch weiter im Kampf zwischen Gut und Böse. Ja, wir Getauften sind schon erlöst! Wir sind schon „in Christus", aber unser Innesein in Christus ist nicht ein ein-für-allemal Automatismus, sondern es bedarf der beständigen Stärkung. Und eben deshalb übergab sich uns Jesus als eucharistische Speise beim letzten Abendmahl: „Das ist mein hingegebener Leib, das ist mein für Euch vergossenes Blut. Esset, trinket. Tut dies zu meinem Gedächtnis!" Darum formuliert der Katechismus der Katholischen Kirche schlicht: „Die Eucharistie ist das Gedächtnis des Pascha Christi, die sakramentale Vergegenwärtigung und Darbringung seines einzigen Opfers in der Liturgie seines Leibes, der Kirche."[5]

In der Feier der Eucharistie ereignet sich also im Raum

der Schon-Erlösten, der Getauften, also in der Kirche, die Aktualisierung der Paschamysterien unserer Erlösung. Jede Mitfeier der Heiligen Messe, jede Heilige Kommunion bezieht sich auf die Vertiefung der Taufgnade und ist deren Aktualisierung. Den theologisch so wichtigen Begriff der Aktualisierung kann man in der heutigen Zeit der Computer-Sprache sehr gut mit dem Begriff „Update" wiedergeben! In der heiligen Kommunion werden wir in unserer Beziehung zu Gott „upgedatet", denn sie vertieft, heilt, stärkt und heiligt unser Innesein in Christus.

Was ist die vollkommene Hingabe des hl. Ludwig Maria Grignion de Montfort?

Wie kein anderer Theologe hat der heilige Ludwig Maria Grignion de Montfort die Marienfrömmigkeit der Barockzeit und folglich der ganzen Neuzeit inspiriert. Seine Abhandlung über die wahre Marienverehrung, der „Traité de la vraie dévotion à la Sainte Vierge", wurde zum Leitbild der katholischen Marianität der Neuzeit.[6] Nicht zufällig hat ihn Johannes Paul II. nicht nur mehrmals in seinen persönlichen Zeugnisschriften genannt, sondern ihm auch einen Platz in der Marienenzyklika „Redemptoris Mater" gegeben. Dort heißt es: „Ich erinnere gerne an die Gestalt des heiligen Ludwig Maria Grignion de Montfort, der den Christen die Weihe an Christus durch die Hände Marias empfahl, um die Taufverpflichtungen treu zu leben. Mit Freude stelle ich fest, dass es auch in unseren Tagen neue Zeichen dieser Spiritualität gibt."[7]

Allen Legionären Mariens ist der heilige Ludwig Maria Grignion de Montfort nicht nur durch seine Anrufung in den Eröffnungsgebeten vertraut, sondern vor allem durch die Übung der vollkommenen Hingabe. Aus historischer Perspektive steht die Erkenntnis Mariens, wie sie der Heilige

lehrt, auch am eigentlichen Ursprung der Legion Mariens.
Frank Duff, damals schon ein eifriger Apostel in der Sankt-
Vinzenz-Gesellschaft, hatte von einem Freund das Goldene
Buch von Grignion de Montfort geschenkt bekommen. Er
schilderte selbst, wie er seit 1919 mit den Gedanken Grignions regelrecht gerungen hatte, weil er mit dieser heißen und
ihm völlig übertrieben scheinenden Marienfrömmigkeit nichts
anfangen konnte, wie er das Buch sogar eigenhändig abge-
schrieben hatte um zu verstehen, was dem 29-jährigen Be-
amten so völlig exaltiert und unverständlich schien.[8] Man
kann sagen: Die geistige Geburtsstunde der Legion Mariens,
das geistige Ereignis, ohne das es den 7. September 1921 (das
erste Treffen in Dublin) nicht gegeben hätte, war eigentlich
Frank Duffs Einsicht in das, was Grignion mit Ganzhingabe
meinte! Frank Duff erkannte damals, dass alles Apostolat
unterfasst und getragen sein muss durch die völlige Hingabe
und Abhängigkeit von Maria, weil Maria „die Mutter des
christlichen Lebens ist, absolut unentbehrlich und an jeder
Gnade beteiligt."[9]

Das Handbuch der Legion Mariens[10] übertitelt daher den
Abschnitt 6.5.[11] mit einer fundamentalen Aufforderung: „Die
Legionäre sollen die wahre Marienverehrung nach Ludwig
Maria von Montfort üben"; die nachfolgenden Ausführungen umfassen gleich sechs Seiten. Im Handbuch befindet sich
überdies ein Anhang,[12] in der die „Bruderschaft Maria, Königin aller Herzen" im Sinne des heiligen Grignion de Montfort empfohlen wird.

Den meisten Legionären wird auch das „Goldene Buch"[13]
bekannt sein, in dem die Schriften des Heiligen den Gläubigen
zugänglich sind. Die Spiritualität einer so aktiven und effi-
zienten apostolischen Laienbewegung, wie sie die Legion Mariens darstellt, hätte ohne Grignion de Montfort keine
Grundlage! Die Einheit und Verbundenheit mit Maria in
Form der „*esclavage*" (wörtlich: Knechtschaft), wie Ludwig

Maria sie lehrt, ist das innere Fundament der Legionsfrömmigkeit. Darin sieht das Handbuch aber auch die Grundlage ihrer Fruchtbarkeit. Die Verbundenheit mit Maria führt dazu, dass die Legion Mariens insgesamt sich als „*Maria am Werk*" versteht. Der Legionär will so sehr mit Maria vereint sein, dass er in seinem konkreten Apostolatseinsatz gleichsam nur Maria Raum geben will, damit sie, „die Mutter Jesu, den Herrn selbst in den Mitlegionären und in denen, für die man arbeitet, aufs Neue sieht und ihm dient."[14] Dieser Grundsatz ist eindrucksvoll im 3. Punkt der „regelmäßigen Unterweisung" formuliert. Und: Das Hauptfest der Legion Mariens, die so genannte „*Acies*", besteht folglich darin, dass die Legionäre ihre Hingabe an Maria mit der kurzen Weiheformel bezeugen: „Ich bin ganz dein, meine Königin und meine Mutter, und alles, was ich habe, ist dein!"[15]

Was ist nun die „vollkommene Hingabe" oder „Ganzhingabe", wie der Heilige sie lehrt? Die Ganzhingabe besteht aus folgenden Elementen: Zum einen bereitet man sich 33 Tage vor. Diese Zahl hat Grignion in Erinnerung an die 33 Lebensjahre Christi, die in die 3 Stunden Todesleiden am Kreuz und in die 3-tägige Grabesruhe einmündeten, gewählt. In dieser Zeit der vorbereitenden „Exerzitien" (WM Nr. 227-233) muss viel gebetet werden. Ein wichtiges Element ist die geistliche Betrachtung durch Lesung geistlicher Texte. Die 33 Tage sind gestückelt: In den ersten 12 Tagen geht es um Reinigung vom „Geist der Welt", in den weiteren Wochen, „um sich durch die Gottesmutter mit Jesus Christus zu erfüllen."[16] Am Ende der 33 Tage steht die feierliche Selbstübergabe an Jesus durch Maria. Dieser Weihe hat die heilige Beichte vorauszugehen. Interessant ist nicht nur, dass sich die Weihe an Jesus Christus, die Ewige Weisheit richtet, sondern die Weiheformel soll auch nach der heiligen Kommunion gesprochen werden (WM Nr. 231).

Wir sprechen normalerweise von der „Ganzhingabe an

Maria", aber das ist nicht ganz korrekt. Grignion selbst hatte
über die Bezeichnung für den Hingabeakt nachgedacht.
Hören wir einfach, was er selbst geschrieben hat:
    „244 Ich bitte dich, auf das Folgende zu achten. Für
gewöhnlich sage ich: ‚Weihe und Hingabe an Jesus in Maria'.
Wie mehrere andere es bis heute getan haben, kann man auch
sagen: ‚Weihe und Hingabe an Maria'. Ich meine aber, dass es
besser ist, zu sagen: ‚Weihe und Hingabe an Jesus in Maria'.
    245 Auf diese Weise erhält diese Frömmigkeit ihren
Namen mehr von ihrem letzten Ziel her als vom Weg oder
vom Mittel, das zu diesem Ziel führt: von Maria. Dennoch
bleibt richtig, dass man ohne Skrupel die eine oder die andere
Bezeichnung wählen kann, wie ich es tue" (WM 244-245).
    Im „Traité" folgen dann noch weitere Ausführungen, in
denen Grignion argumentiert, dass seine Bezeichnung „Weihe
an Jesus in Maria" besser das trifft, was er meint und was
wirklich in dieser Weihe geschehen soll.
    Wir stellen fest, dass unser Thema gut gewählt ist, wenn
wir Kommunion und Ganzhingabe miteinander vergleichen:
die Grignion'sche Ganzhingabe zielt auf unsere Selbstweihe
an Jesus Christus hin; sie möchte ganz offensichtlich eine
Form der tieferen Christusverbundenheit „in Maria" bewir-
ken. Und damit ist sie von sich her hingeordnet auf jene Verbundenheit, die wir in jeder Eucharistie mit dem Herrn
empfangen und vertiefen dürfen. Doch um die Absichten Grignions besser kennen zu lernen, müssen wir kurz sein Leben
und seine Lehre betrachten.

Das Leben des hl. Grignion de Montfort

Wir wollen einen Blick auf Ludwig Maria Grignion de Montfort werfen, zunächst auch auf seine Biografie, die nicht sehr
spektakulär war: äußerlich betrachtet ein französischer Priester, der in seinem Leben vor 300 Jahren nicht sehr erfolg-

reich war. Seine Schriften waren überdies 126 Jahre lang verschollen!

Geboren wurde Ludwig Maria 1673 als Sohn eines
Rechtsanwaltes in der Bretagne; er war der Älteste von 17
Geschwistern; er war Franzose, und vielleicht darf man eine
grundlegende Charaktereigenschaft mit seiner Nationalität in
Verbindung bringen. Frankreich ist der Mutterschoß für eine
Fülle von Heiligen aller Stände und Klassen: des hl. König
Ludwig IX., des hl. Bernhard von Clairvaux, der hl. Jeanne
d'Arc, der hl. Margaretha Maria Alacoque, des hl. Vinzenz
von Paul, der hl. Therese von Lisieux, des hl. Johannes Maria
Vianney, der hl. Katharina Labouré, der hl. Bernadette Sou-
birous usw. Auf der anderen Seite ist Frankreich das Land, in
dem der theoretische Atheismus, die Leugnung Gottes, ja
sogar der Kampf gegen den Gottesglauben seinen Ursprung
nahm. *„Sic et non!* – Ja oder Nein!", so hat Petrus Abaelard
im 12. Jahrhundert seine Methodenlehre genannt: „Ja oder
Nein!" – „Entweder so oder so!" Vielleicht trifft das die französische Mentalität, die nicht gerne auf Kompromisse setzt,
die es entweder heiß oder kalt haben will; die sich mit Mittelmäßigkeit und Unabgeklärtem nicht abfindet. Jedenfalls
finden wir bei dem jungen Grignion schon den Wesenszug der
Kompromisslosigkeit: Ganz für die Sache Gottes. Viele Heilige haben vor ihrer Bekehrung ein lasterhaftes Leben geführt;
Grignion hingegen lebte von Kindheit an tief gläubig und tu-
gendhaft; schon als Halbwüchsiger gab er sich den Wahl-
spruch: „Die reine Liebe Gottes herrsche in unseren Herzen!"

Es war in der blühenden Barockzeit, noch hundert Jahre
vor der französischen Revolution, in der das Christentum
alles durchdrang, aber auch dazu neigte, oberflächlich zu werden. Wie es um die Sittlichkeit damals bestellt war, zeigt ein
Detail aus dem Leben des Heiligen: Eine große Förderin seiner priesterlichen Berufung war eine gewisse Madame de
Montéspan, eine ehemalige Mätresse König Ludwig XIV., des

Sonnenkönigs. Ihre finanziellen Zuwendungen waren eine selbstauferlegte Buße. Zugleich war es die Zeit der beginnenden Aufklärung. Es fällt auf, dass das Geburtsjahr des Heiligen, 1673, auch einen wichtigen Einschnitt in der Geschichte der Frömmigkeit darstellt: In diesem Jahr 1673 erschien nämlich in Köln ein zynisches und aufklärerisches Werk gegen die Marienverehrung. In einem kleinen Buch von nur 116 Seiten[17] hat der katholische Laie Adam Widenfeld alles, was der barocken Frömmigkeit an Maria lieb und teuer war, ins Lächerliche gezogen und mit Spott und Hohn übergossen. Die Kampfzeit gegen die Kirche hatte begonnen. Sie führte über Voltaires *„Écrasez l'infame – Rottet die infame Kirche aus!"* zu den furchtbaren Gräueln der französischen Revolution, in der allein bei den Pariser Septembermorden vom 2. bis zum 6. September 1792 auf Befehl des Revolutionsführers Danton 1400 Gläubige, darunter etwa 225 Welt- und Ordensgeistliche, mit Säbeln, Gewehrkolben und Bajonetten in einem beispiellosen Massaker hingeschlachtet wurden.

Doch dies alles war im Jahr 1700, als Ludwig Maria in Paris die Priesterweihe empfing, vorerst noch ein düsteres Wetterleuchten. Der Heilige war nicht schön, die wenigen Porträts zeigen einen hageren und knochigen Kopf mit einer markanten Hakennase und großen abstehenden Ohren. Imposant war seine Körpergröße, denn mit 1,90 cm überragte er damals alle. Ludwig Maria sollte nur kurz als Priester wirken können; von 1701 bis 1705 war er Krankenhausseelsorger am Generalspital von Poitiers. 1706 wandte er sich seiner eigentlichen Lebensaufgabe zu: der Volksmission. Diese Volksmissionen waren ja bis in die jüngste Vergangenheit ein wichtiges Instrument der Evangelisierung. Fremde Priester kamen in die Pfarrei; während die Leute schon an den Pfarrer gewöhnt waren, und der Pfarrer auch nicht so „scharf" und „aufrüttelnd" predigen konnte, weil er ja die Leute nicht vor den Kopf stoßen durfte, da er mit ihnen dauerhaft zusammenlebte, hatten die Volksmissionare hier wirklich die Möglichkeit, die Herzen der Lauen und Sünder aufzurütteln. Sie blieben ja nur kurz, konnten auf alle zugehen, man traute sich eher, bei den fremden Priestern seine schweren Sünden zu beichten. Grignion hatte bis zu seinem Tod annähernd 200 Volksmissionen im Nordwesten Frankreichs abgehalten.

„Seine Fähigkeit, sich auf die Mentalität der Gläubigen einzustellen, die Volksfrömmigkeit aufzugreifen und am Evangelium auszurichten, sein radikal gelebtes Vertrauen in die göttliche Vorsehung und seine tiefe Zuneigung zu den Armen und Einfachen trugen ihm den Beinamen ‚der gute Pater von Montfort' ein."[18]

Freilich: wenn ein solcher Eiferer und Feuerkopf predigte, dann hatte er zwar sicher Erfolg bei den Menschen; aber Erfolg in der Kirche ruft immer sofort ein Zweites hervor: die Eifersucht, vor allem die Eifersucht der priesterlichen Mitbrüder, die berüchtigte *invidia clericalis*. Zu zahlreich und spektakulär waren die Bekehrungen in der Bretagne und in der Vendée. Als bleibendes Zeichen einer erfolgreichen Volksmission ließ Grignion in dem flachen Land immer hochaufragende Kalvarienberge errichten, forderte den täglichen Rosenkranz als Garantie für die bleibende Bekehrung und schloss die Volksmission, indem er alle Pfarrangehörigen am Taufbecken vorüberziehen ließ, an dem sie ihre Taufgelübde erneuerten. Jedenfalls grassierte bald der Neid. Es gab auch etliche Bischöfe, die bereits vom Rationalismus der Aufklärung infiziert waren und dem marianischen Volksmissionar skeptisch gegenüberstanden. Grignion erlebte das Kreuz, indem er beschimpft, vertrieben und sogar auf das Infamste verleumdet wurde. Erst als der Heilige sich nach Rom begab und sich von Papst Clemens XI. den Titel und die Vollmachten eines „Apostolischen Missionars" geben ließ, wurde die kircheninterne Opposition gegen sein Apostolat leiser. Es gelang Grignion de Montfort, auch andere für seine Evangelisierungsmethoden zu begeistern, sodass er zwei Ordensinstitute stiften konnte: die „Töchter der Weisheit" (FdLS) und die „Missionare der Gesellschaft Marias" (SMM). Während einer Volksmission starb Ludwig Maria am 28. April 1716. Er selbst hatte sein Vergessenwerden vorausgesehen: Tatsächlich wurden viele seiner Kalvarienberge wieder niedergerissen; seine Schriften gingen verloren und wurden erst 1843 gedruckt. Und als in der französischen Revolution, 77 Jahre nach Grignions Tod, gerade die Vendée und die Bretagne am treuesten dem Gottes- und Kirchenkampf widerstanden, dachte niemand daran, dass diese Glaubensfestigkeit die Frucht der Missionstätigkeit des heiligen Grignions de Montfort war.

Die Schriften

Über Jahrhunderte war Ludwig Maria Grignion de Montfort vergessen: Die Französische Revolution tobte, der theoretische Atheismus wütete, in Österreich bedrohte der Josephinismus Klöster und Orden, in Deutschland und anderen Staaten schadete die Säkularisation der Kirche äußerlich und innerlich; Papst Pius VI. starb 1800 als Gefangener Napoleons und die Nationalstaaten betrachteten die universale Kirche als Feindin ihrer partikulären Interessen. Doch gerade diese Feindschaft der Welt sollte ab dem beginnenden 19. Jahrhundert zu einer neuen Welle der Verinnerlichung und der religiösen Erneuerung führen. Das Leitbild dieser frühlingshaften Stärkung des Christentums sollte Maria sein; Maria, der Gott im 19. Jahrhundert gerade in dem Land, dem Atheismus und Kirchenkampf entsprungen waren, eine besondere Rolle zugedacht hatte: 1830 erschien Maria mitten in Paris in der Rue du Bac; die wunderbare Medaille und die Zuwendung zur Fürsprache der unbefleckten Jungfrau traten ihren Siegeszug an. Das kirchliche Lehramt reagierte: 1854 wurde die Bewahrung Mariens von der Erbsünde von Pius IX. als geoffenbarte Wahrheit, als Dogma verkündet; die Bestätigung erfolgte, wiederum in Frankreich, im Jahre 1858, als die unbefleckte Gottesmutter in Lourdes die Heilsmacht ihrer Fürbitte aller Welt demonstrierte. Bis heute ist Lourdes der größte Wallfahrtsort Europas!

Und mitten in diese Wiedergeburt der Kirche unter dem Zeichen Mariens fiel die Wiederentdeckung der Schriften Grignion de Montforts. Die vier wichtigsten Schriften – und andere – sind im so genannten „Goldenen Buch" zusammengefasst:

1. „Die Liebe zur Ewigen Weisheit"
2. „Der Brief an die Freunde des Kreuzes"
3. „Das Geheimnis Mariens" (Zitiert als GM)
4. „Traktat über die Wahre Verehrung der Gottesmutter Maria" (Traité de la vraie dévotion à la Sainte Vierge; 1712; zitiert als WM)

Diese letzteren beiden sind für uns von Bedeutung, denn im „Traktat über die Wahre Verehrung der Gottesmutter Maria" – einer umfangreichen Schrift – lehrt Ludwig Maria die so genannte „vraie dévotion", die „Wahre Verehrung" als „vollkommene Hingabe" an Jesus in Maria. Ebenso wichtig ist der Brief an eine Ordensfrau in Nantes, in dem Grignion das Thema der Ganzhingabe kurz zusammenfasste. Dieser Brief ist unter dem Titel „Das Geheimnis Mariens" in das Goldene Buch aufgenommen worden und gibt prägnanter die Ausführungen wieder, die im „Traktat über die Wahre Verehrung der Gottesmutter Maria" enthalten sind.

Alle diese Schriften blieben bis 1842 verschollen. Nach ihrer Drucklegung im darauf folgenden Jahr verbreitete sich allerdings die Frömmigkeitsübung der bewussten Lebensübergabe an Jesus in Maria sehr schnell und führte zu einem ungeheuren Interesse an dem Leben und Wirken des französischen Volksmissionars. Die Folge dieses Ruhmes war die Seligsprechung 1888. Die Heiligsprechung wurde schließlich von Pius XII., selbst durch und durch marianisch, 1947 vorgenommen – das waren immerhin 241 Jahre nach Grignions Tod.

Die barocke Marienfrömmigkeit des „De Maria numquam satis"

Das Augenfälligste, das die Frömmigkeit des heiligen Grignion de Montfort auszeichnete, ist seine glühende Marienverehrung. In seinen Schriften gibt es einen fortwährenden Bezug auf Maria, die er auf die Formel brachte: „durch Maria, mit Maria, in Maria, für Maria" (WM Nr. 258-265). Im Nachfolgenden einige Zitate aus seinen Schriften, die zeigen sollen, dass die Intensität, mit der Ludwig Maria die Bedeutung Mariens formuliert hatte, kaum zu überbieten ist. So nennt er Maria das „vollkommene Meisterwerk des Höchsten" (WM Nr. 5), sie ist die „Welt Gottes, groß und göttlich, worin unaussprechliche Schönheiten und Schätze verborgen sind" (WM Nr. 6), sie ist „das vollkommenste und heiligste unter den einfachen Geschöpfen" (WM Nr. 157; vgl. weiters WM Nr. 158-168, 179-181).

Es war die Barockzeit, die Zeit der sprachlichen Ausschmückung und Metaphorik, ja die Zeit einer gläubigen Euphorie, die sich ganz eindeutig in folgenden Formulierungen ausdrückte: Grignion sagte über die Tugenden Mariens: „O unverstehbare Hoheit! O unaussprechliche Weite! O unermessliche Größe! O undurchdringliche Tiefe!" (WM Nr. 7). Maria ist herausgenommen aus der Reihe der anderen Heiligen! Sie ist die „einzigartige und wunderbare Jungfrau" (WM Nr. 35); oft wiederholte er das „allein Maria" (WM Nr. 44-45). Aufgrund ihrer privilegierten Erhabenheit leitete er das „De Maria numquam satis" [19] ab, das er mit dreimal größeren Buchstaben an den Beginn seines Werkes

stellte. Es bedeutet: „Von Maria niemals genug" (WM
Nr. 10).

Maria gebührt „Lob, Ehrfurcht, Liebe und Dienst" in
Bezug auf die Jungfrau (WM Nr. 10). Denn: „Der Höchste
ist zu uns herabgestiegen auf vollkommene und göttliche
Weise durch die demütige Maria" (WM Nr. 157). Maria ist
„das größte Wunder der Gnade, der Natur und der Herrlichkeit" (WM Nr. 12), sie ist „vollkommenes Vorbild an Gnade"
(WM Nr. 46, 260), sie ist „unter allen Geschöpfen dasjenige,
das am meisten gleichförmig mit Jesus Christus ist" (WM Nr.
120). Maria ist so sehr auf den Geist hörend, dass sie sogar
eine gewisse Identifizierung mit ihm erlangt (WM Nr. 258).
Als jene, die das mystische Leben bildet, ist sie „ein ganz geistliches Gefäß und eine geistliche Bleibe der geistlichsten See-
len" (WM Nr. 178).

Diese Lobpreisungen sind in Sprache und Denkungsart
barock! Die Schriften Grignions triefen auch von einem uns
heute schwer zugänglichen Symbolismus. Im Traité finden
sich mindestens 80 Symbole – vorwiegend biblische –, durch
die Maria auf eine die Einbildungskraft ansprechende Weise
beschrieben wird: als Tempel, Thron, leuchtender Stern und
emporwachsender Baum, als Schoß, Bundeslade, Paradieses-
garten, als Weg, Wasserleitung und Pforte, als Morgenröte,
Mond, Erde usw.[20]

Die wahre Marienverehrung ist Christusförmigkeit

Wir müssen hier innehalten und uns die Frage stellen, ob hier
nicht eine Übertreibung, eine Hypertrophie des Marianischen
vorliegt. Uns ist bekannt, dass Grignion schon als Seminarist
so marianisch war, dass ihm seine Mitschüler vorwarfen, dass
er „aus der heiligen Jungfrau eine Gottheit mache und die
Mutter mehr schätze und liebe als den Sohn"[21]. Wenn man
Grignions Theologie genauer betrachtet, so wird man hinter

der barocken Rhetorik aber eine sehr nüchterne und vor
allem eine äußerst christozentrische Grundstruktur entdek-
ken. Im Mittelpunkt steht Christus, seine Erlösung; Maria ist
nur deshalb so interessant, weil Gott durch sie seinen Willen
zu unserer freiwilligen Mitarbeit an der Erlösung sichtbar
macht.

Das „Grundmysterium"[22], aus dem sich die von Gott ge-
wollte Mitarbeit Mariens ergibt, ist für Grignion die Inkarnation: Gott will Mariens freie Mitarbeit, er will nicht ohne
sie, nicht an der menschlichen Freiheit und Mitwirkung vorbei, den Menschen erlösen. Und weil Maria tatsächlich ihre
Zustimmung gab, geht der Heilsplan Gottes in Erfüllung; die
gegebene Heilsordnung ist ohne Mariens freies Fiat nicht
denkbar. Aus dieser Stellung Mariens in der objektiven Heilsgeschichte leitete Grignion ihre Aufgabe in der subjektiven
Heilsgeschichte, also in der Annahme der Erlösung durch die
jeweiligen freien menschlichen Subjekte, ab: Wie Maria
Jesus durch den Heiligen Geist „verleiblicht", inkarnatorisch
„konkretisiert", so kommt Maria die Aufgabe zu, mit dem
Heiligen Geist auch die Glieder des Leibes Christi hervorzubringen. Maria „hat von Gott die Macht erhalten, die Weisheit sich in den Herzen der Menschen inkarnieren zu lassen.
Maria ist deshalb die wirksamste Hilfe auf dem Weg zu
Christus. Sie ist das sicherste, leichteste, kürzeste und heiligste Mittel, um zur Vereinigung mit Jesus Christus zu gelangen."[23]

In einer Zeit, in der die Marienverehrung einerseits barock überfrachtet, andererseits durch den Protestantismus wie
durch die beginnende Aufklärung polemisch angegriffen
wurde, verfasste Grignion de Montfort seinen „Traktat über
die Wahre Marienverehrung". Hier zeigt sich am deutlichsten
das Zentrum Grignion'scher Theologie: Maria ist es nicht, sie
ist nur das Mittel. Zentrum und Ziel ist Christus; Maria ist
nur der Weg der wahren und sicheren Frömmigkeit. Einer

Frömmigkeit, die genau einmündet in das Ziel, das jeder Mensch erreichen soll: die vollkommene Christusförmigkeit, die vollkommene Einheit mit dem Herrn.

Wir haben zuvor einige der Superlative über Maria gehört, umso mehr überrascht es, dass er die falsche Marienverehrung eben gerade darin kritisierte, dass sie aus Maria eine Art Idol, eine Art Superreliquie macht, die man auf ein Podest stellt und rein äußerlich anhimmelt und verehrt. Die falsche Marienverehrung ist wie die Bewunderung einer schönen Dekoration, eines gelungenen Ornamentes, eines ästhetischen Beiwerkes. Diese Marienverehrung ist äußerlich.

In seinem Brief „Das Geheimnis Mariens" unterschied Grignion de Montfort drei Arten von Marienverehrung:

„Nr. 25: Die erste Art besteht darin, seine Pflichten als Christ zu erfüllen, schwere Sünden zu meiden, mehr aus Liebe als aus Furcht zu handeln, hin und wieder Maria anzurufen und sie als Mutter Gottes zu verehren, aber ohne besondere Marienfrömmigkeit.

Nr. 26: Die zweite Art besteht darin, Maria tiefere Gefühle der Liebe, der Hochschätzung, des Vertrauens und der Verehrung entgegenzubringen. Man betet den Rosenkranz, hält die Marienbilder und -altäre in Ehren, verkündet ihr Lob und tritt marianischen Gemeinschaften bei. Das alles ist, wenn man die Sünde meidet, gut, heilig und lobenswert. Aber es ist nicht so vollkommen…, damit wir mit Jesus Christus vereinigt werden können" (GM Nr. 25f.).

Die wahre Marienverehrung weiß zwar um die Vorzüge und Privilegien, um das Einzigartige und Bewundernswerte an Maria, aber sie zieht auch persönliche Konsequenzen: sie möchte Mariens Tugenden und Vorzüge nachahmen, sie möchte innerlich teilhaben an Wesen und Werk Mariens. Und hier zeigt sich sofort wieder die bereits angedeutete Christozentrik: Denn Maria ist nur deshalb von Gott so wie sie ist, weil sie in der Aufgabe steht, Christus in Bethlehem und folglich in den Herzen aller Menschen zur Welt zu bringen. Ihre pneumatische Aufgabe ist es, eine solche Vereinigung zwischen der Seele des Menschen und Christus zu wirken, damit wir, wie es im Epheserbrief heißt, „zum vollkommenen Menschen werden und Christus in seiner vollendeten Gestalt darstellen" (Eph 4,13).

Die vollkommene Hingabe ist, wie Grignion selbst ausführte (WM 244-248), nicht eigentlich eine Marienweihe, sondern sie ist eine Weihe mit Hilfe Mariens an Jesus Christus, die ewige Weisheit. Die Aufgabe Mariens ist zwar unverzichtbar, doch das Ziel ist die Vereinigung mit Jesus Christus. Die wahre Marienverehrung besteht also darin, „sich ganz Maria und durch sie Jesus in der Eigenschaft eines Sklaven zu weihen, indem man ihr rückhaltlos und auf ewig seinen Leib und seine Seele, seine inneren und äußeren Güter, den genugtuenden und verdienstlichen Wert aller seiner guten Werke und sein eigenes Verfügungsrecht darüber und endlich alle Güter schenkt und weiht, die man in der Vergangenheit empfangen hat, gegenwärtig besitzt und in Zukunft besitzen wird" (Liebe zur ewigen Weisheit 219).

Die Weihe geht also an Jesus Christus, vereinigt uns mit Jesus Christus, tut dies aber nur deshalb auf vollkommene Weise, weil sie durch Maria geschieht. Es gibt für Grignion den absoluten Primat Christi in Bezug auf die Verursachung des Heiles (WM Nr. 61-67); es gibt für ihn aber auch einen absoluten Primat Mariens in Bezug auf die Mitwirkung an der Erlösung. Mariens Mitarbeit ist nichts anderes als die „Bereitung auf das Reich Jesu Christi" (WM Nr. 227). Er hat diese Christozentrik auch überdeutlich formuliert, wenn er uns einlädt, „durch Maria, mit Maria, in Maria und für Maria zu tun, damit wir es vollkommener durch Jesus, mit Jesus, in Jesus und für Jesus tun" (WM Nr. 257). Grignion weiß, dass Maria aus sich heraus nichts ist: „verglichen mit solch unendlicher Majestät ist sie weniger als ein Teilchen, genauer: sie ist eigentlich ein Nichts, denn allein er ist Der, der er ist" (WM Nr. 14). Aber gerade darin verherrlicht er Gott, dass er diesem Nichts die Fähigkeit der Mitarbeit zugesteht.

Die Weihe an Maria, wie sie die 33-tägige vollkommene Hingabe lehrt, ist jedenfalls eine Christusweihe. Er nennt sie daher ganz christozentrisch „Knechtschaft Jesu Christi in Maria" oder „Knechtschaft der heiligen Jungfrau" (WM Nr. 244-245). Sie besteht ja „in der vollständigen Hingabe an die heiligste Jungfrau, um durch sie ganz Jesus Christus zu gehören" (WM Nr. 121). Hermann Josef Jünemann formulierte treffend: „In einer einzigen Bewegung ist Jesus Christus das letzte Ziel, während Maria das ganz auf ihn hingeordnete, vollkommene Mittel ist."[24]

Die Einheit des Gläubigen mit Christus, die Christusförmigkeit, ist aber schon in der Taufe grundsätzlich eröffnet. Es ist daher logisch, dass Grignion seine marianische Weihe als vollkommene Erneuerung der Taufgelübde bestimmte. Es handelt sich um eine bewusste, radikale Annahme jener Vereinigung mit Christus („Weihe"), die der Christ schon in der Taufe empfangen hat; gleichsam die subjektive Bekräftigung dessen, was objektiv im Sakrament schon gegeben ist. Daher ist die Ganzhingabe, die „vollständige Weihe an Jesus Christus" durch die Hände Mariens, nichts anderes als die „vollkommene Erneuerung der Gelübde und Versprechen der heiligen Taufe" (WM Nr. 120, 126).

So erklärt sich folglich das Ritual, mit dem der heilige Ludwig Maria die Volksmissionen abschloss: Nach erfolgter Beichte und Kommunionspendung ließ er die Gläubigen am Taufbrunnen vorbeiziehen: Jeder legte seine Hand auf den Taufbrunnen und sagte: „Ich erneuere von ganzem Herzen mein Taufversprechen und widersage für immer dem Teufel, der Welt und meinem Eigenwillen."

Die Ganzhingabe ist eine hervorragende Disposition
auf den Kommunionempfang

Grignion de Montfort lebte zu einer Zeit, in der die Häresie
des Jansenismus das katholische Glaubensleben bedrohte.
Der Jansenismus machte aus dem Christentum eine elitäre
Religion für wenige Auserwählte: Danach war Christus nicht
wahrhaft für alle gestorben, sondern nur für die wenigen, die
durch ihre souveräne Askese mit Bußübungen, Fasten und
Abtötung gleichsam bewiesen, dass sie prädestiniert, also zum
Heil vorausbestimmt waren. Symptomatisch ist die Darstellung des Gekreuzigten, wie ihn die Jansenisten verbreiteten:
Jesus spannte seine Hände nicht mehr weit einladend, alle
umfassen-wollend aus, sondern er streckte sie schmal und
steil zum Himmel, als wollte er sagen: nur die Guten werden
von mir in den Himmel mitgenommen. – Gerade diese Irrlehre bekämpfte Grignion mit dem Verweis auf Maria und
durch die Lehre der Ganzhingabe: es geht um nichts weniger
als um die Universalität der Erlösung, die sich darin zeigt,
dass nicht wir durch unsere religiösen Übungen selbst diese
Erlösung erwirken müssen! Nein, wir sind schon erlöst durch
Jesus Christus, durch ihn allein. Er ist der eine und einzige
Mittler (1 Tim 2,5) zwischen Gott und den Menschen, der
schon ein-für-allemal *(eph'hapax)* Sühne und Erlösung gewirkt hat (Hebr 10,5-9). Alle Menschen sind objektiv gemeint, die „durch die Opfergabe des Leibes Jesu Christi ein
für allemal geheiligt" sind (Hebr 10,10). Der Jansenismus war
deshalb eine gefährliche Irrlehre, weil er im Grunde einen
Druck zur Selbsterlösung propagierte!

Auf der anderen Seite wäre es ebenso fatal, die Objekti-
vität der Erlösung so sehr zu betonen, dass man sich dadurch
gleichsam in die Passivität, in die Lauheit und Laxheit eines
Gnadenautomatismus flüchten könnte! Denn: Auch wenn
Christus alle Erlösung gewirkt hat, so lehrt doch gerade der

Blick auf Maria, dass er in seinem objektiven Erlösungswirken auf unsere subjektive Mitarbeit setzt! Die Mitwirkung Mariens an der Erlösungswirklichkeit hat übrigens das 2. Vatikanum gerade in Bezug auf das Kreuzesopfer eindrucksvoll formuliert![25] Die Zusammenarbeit zwischen dem allmächtigen und allesbewirkenden Gott und dem endlichen Menschen wurde treffend in dem Satz ausgedrückt: „Gott tut alles für uns, aber er tut nichts ohne uns!" Dass das Heil schon in Christus objektiv da ist, entpflichtet uns nicht von persönlichen Anstrengungen! Schauen wir etwa auf unseren Kommunionempfang: In der Eucharistie vergegenwärtigt sich im Sakrament tatsächlich – *ex opere operato* – durch den Ritus selbst das Paschamysterium Christi. Ich empfange folglich tatsächlich, ob ich andächtig bin oder nicht, den Herrn; das Sakrament ist objektiv in seiner Heilswirklichkeit. Aber gerade dies entpflichtet mich nicht von der inneren Vorbereitung, von einer angemessenen Disposition, – damit die heilige Kommunion fruchtbar empfangen wird. Ja für die Fruchtbarkeit ist gerade meine innere Einstellung entscheidend.

Um diese „Disposition" herzustellen, ist es erstens notwendig, die heilige Kommunion „würdig", d. h. im Gnadenstand, zu empfangen. Hier verweist der Katechismus auf den Apostel Paulus, der davor warnt, den Leib des Herrn „unwürdig" zu essen, ansonsten „isst und trinkt man sich das Gericht" (1 Kor 11,27-29; KKK 1385). In der Ostkirche hat sich bis heute der altkirchliche Brauch erhalten, dass der Zelebrant vor der Spendung der Kommunion die heiligen Gaben emporhebt und ausruft: „*Ta hágia tois hágiois!*", lateinisch: „*Sancta sanctis!*", was auf Deutsch soviel bedeutet wie: „Das Heilige ist für die Heiligen bestimmt!" Daher definiert das Kirchenrecht den Empfang des Bußsakramentes als Voraussetzung für den würdigen Empfang der Eucharistie: „Wer sich einer schweren Sünde bewusst ist, muss das Sakrament der Buße empfangen, bevor er die Kommunion empfängt."[26]

Aber die Freiheit von schwerer Sünde ist nur die „Minimal-
bedingung".

Um fruchtbar zu kommunizieren, braucht es zweitens
eine innere Haltung der demütigen Gläubigkeit. Dazu bietet
die Liturgie eine Fülle von Hilfsmitteln: Etwa den Bußakt zu
Beginn der Eucharistiefeier, der uns von lässlichen Sünden reinigen soll; dann die Öffnung für das Wort Gottes in den Le-
sungen und im Evangelium. Schließlich lässt uns die Kirche
unmittelbar vor Empfang der heiligen Kommunion die abge-
wandelten Worte des Hauptmanns von Kapharnaum sprechen, der um die Heilung seines kranken Dieners bat: „Herr,
ich bin es nicht wert, dass du mein Haus betrittst; sprich nur
ein Wort, dann wird mein Diener gesund" (Mt 8,8). Und ein
Hilfsmittel für eine gute Disposition ist auch das Gebot der
eucharistischen Nüchternheit, das seit 1964 in der lateinischen Kirche sehr abgemildert besteht: Eine Stunde vor dem
Kommunionempfang muss man sich der Speise und des Tran-
kes enthalten.[27]

Wie können wir das mit der Ganzhingabe in Beziehung
bringen? In der Ganzhingabe geht es auch um unser subjek-
tives, um unser bewusstes Eins-Sein mit Jesus in Maria. Es
geht um das fromme Bewusstsein; es geht um eine innere
Konzentration, vergleichbar mit der Disposition auf die Kommunion hin. Wir sind schon durch die Taufe, geboren aus
dem Fiat Mariens, Kinder Gottes. Durch die Ganzhingabe
werden wir uns dessen bewusst, übergeben wir bewusst Gott,
was schon Gottes ist und vertiefen so unsere Christusverbundenheit.

*Die Ganzhingabe ist eine Hilfe zur tieferen Vereinigung
mit Christus*

Vom Ziel her konvergieren also Kommunion und Ganzhingabe in einem Punkt: In beidem geht es um das Einswerden

mit Christus: In der Kommunion geschieht Vereinigung mit dem eucharistischen Herrn kraft des Sakramentes, in der Ganzhingabe geschieht Vereinigung kraft persönlicher Selbsthingabe. Darin ist aber auch schon der größte Unterschied ausgedrückt: Denn in der heiligen Kommunion wird ein *Sakrament* empfangen, das Christus eingesetzt und seiner Kirche übergeben hat: „Tut dies zu meinem Gedächtnis". Die Realität der Christusvereinigung ist nicht primär abhängig von der Intensität unserer Frömmigkeit und von den Akten unserer Liebe, mit der wir Christus empfangen.

Anders in der Ganzhingabe! Die vollkommene Hingabe ist ein Akt persönlicher Frömmigkeit und nicht ein von Christus eingesetztes Sakrament. Als Selbstweihe wirkt sie kraft der subjektiven Frömmigkeit dessen, der sich weiht. So ist sie also, wie vorher gesagt, schon als eine Form der „Disposition" auf die heilige Kommunion hin sinnvoll, weil auch sie auf die Vereinigung mit Jesus Christus abzielt.

Der heilige Ludwig Maria wäre aber nicht wirklich verstanden, wenn wir am Schluss nicht noch das mütterliche Wirken Mariens in diesem Geschehen herausheben würden. Bei der Ganzhingabe übergibt sich der Gläubige „in Maria", um durch sie tiefer mit Christus verbunden zu sein. Es handelt sich, wie wir gesagt haben, um einen Akt der subjektiven, also persönlichen Glaubensanstrengung. Aber eben doch um mehr: Es gibt eine geheimnisvolle Mitwirkung Mariens am Wachstum der Christusverbundenheit in uns. In dieser Hinsicht vergleicht Grignion de Montfort Maria oft mit einer „Gussform": „Maria ist die großartige Form Gottes. Der Heilige Geist hat sie geschaffen, um auf vollkommene Weise den Gott-Menschen zu bilden, wie es in der Menschwerdung geschehen ist, und durch die Gnade einen Menschen-Gott. Alle Züge Gottes sind in diese Form eingeprägt. Wer in ihr gegossen wird und sich formen lässt, empfängt die Züge Jesu Christi, des wahren Gottes, und zwar auf sanfte, der menschlichen Schwachheit angepassten Weise ohne viel Qual und Mühe" (GM Nr. 17).

Dies ist nun der eigentlich springende Punkt bei der Ganzhingabe: die Verbundenheit mit Maria prägt um in die vollkommenere Identität mit Christus; Maria *„christianisiert"* oder *„christifiziert"* uns gleichsam durch ihr mütterliches Wirken, zu dem wir sie durch unsere Ganzhingabe auffordern und ermächtigen. Darum nennt Grignion de Montfort die Ganzhingabe „ein sicheres Verfahren" (GM Nr. 17).

Maria erfüllt also an dem, der sich durch ihre Hände Christus geweiht hat, das Geheimnis ihrer Mutterschaft. Das 2. Vatikanische Konzil wird 300 Jahre nach Grignion Maria unsere „Mutter in der Ordnung der Gnade"[28] nennen, weil sie ihr mütterliches Wirken am mystischen Leib Christi, an der Kirche, fortsetzt. „Diese Mutterschaft Mariens in der Gnadenökonomie dauert unaufhörlich fort, von der Zustimmung an, die sie bei der Verkündigung gläubig gab und an der sie unter dem Kreuz ohne Zögern festhielt, bis zur ewigen Vollendung aller Auserwählten. In den Himmel aufgenommen, hat sie diesen heilbringenden Auftrag nicht aufgegeben, sondern fährt durch ihre vielfältige Fürbitte fort, uns die Gaben des ewigen Heils zu erwirken. In ihrer mütterlichen Liebe trägt sie Sorge für die Brüder ihres Sohnes, die noch auf der Pilgerschaft sind und in Gefahren und Bedrängnissen weilen, bis sie zur seligen Heimat gelangen."[29]

Das bedeutet: Maria ist selbst aktiv! Wenn wir uns ihr übergeben, dann geben wir ihr gleichsam die Chance, ihr mütterliches Wirken an uns zu entfalten und uns immer christusförmiger zu gestalten.

Die Ganzhingabe gibt uns apostolische Fruchtbarkeit

Die Vereinigung mit dem Herrn in der heiligen Kommunion ist nicht primär Selbstzweck: Jesus vereinigt sich nicht nur deshalb mit uns, um in privater und ungestörter Zweisamkeit bei uns zu sein. Die heilige Kommunion ist hingeordnet auf die Heiligung unseres Lebens und damit auf die Erfüllung unserer apostolischen Sendung! Aus diesem Grund wollte die Liturgiereform des 2. Vatikanischen Konzils, dass die Heilige Messe fast unmittelbar mit der heiligen Kommunion endet; alles im Laufe der Jahrhunderte hinzugekommene, wie z. B. das Schlussevangelium usw., wurde wieder weggestrichen! Die Absicht war, dass die Gläubigen in der Kraft des Sakramentes in die Welt hinaus entlassen werden: „Ite, missa est! – Geht, ihr habt eine Sendung!" Als lebendige Monstranzen, den Herrn in sich tragend, werden die Gläubigen gesendet. Jede Heilige Messe ist vom Wesen her eine Sendungsfeier zum Apostolat, das steckt in dem Wort „Messe".

Das 2. Vatikanum wollte das Apostolat der Laien und hat ein eigenes Dokument mit dem Titel *„Apostolicam Actuositatem"*, übersetzt: „Aktiver Aposteldienst", herausgegeben. Gekommen ist aber die große Passivität, die Unlust an der Glaubensweitergabe, der Rückzug in die Sakristei.

Die Ganzhingabe möchte uns nun durch Maria in jene Form einfügen, die ganz christusförmig macht. Sie möchte so mit Christus verbinden, dass das *„Ite missa est!"* zu einer Lebensform wird. Je mehr jemand mit Christus verbunden ist, desto mehr wird er Apostel! „Nicht mehr ich lebe, sondern Christus lebt in mir" (Gal 2,20) sagt Paulus aus eben dieser Christusverbundenheit und weiterhin: „Denn ein Zwang liegt auf mir. Weh mir, wenn ich das Evangelium nicht verkünde!"(1 Kor 9,16). Nochmals: Eucharistische Vereinigung ist Zurüstung zum Aposteldienst.

Und dasselbe gilt für die vollkommene Ganzhingabe. Wenn jemand sich – kraft der übernatürlichen Mutterschaft Mariens – durch ihre Hände mit Christus ganz verbindet, wird bald der paulinische Eifer in ihm erwachen. Wie kein anderer hat übrigens Frank Duff das göttliche Prinzip entdeckt, welches diese Christusförmigkeit kraft der Ganzhingabe bewirkt: den Heiligen Geist.[30] Wenn sich jemand mit Jesus in Maria ganz verbindet, da wird es stürmisch! Denn da wird der Heilige Geist zu wehen und zu brausen beginnen wie am Pfingstfest, als sich die Apostel aussenden ließen, um die ganze Welt zu bekehren.

Die marianische Christusverbundenheit bewirkt diesen apostolischen Drang, den missionarischen Eifer. Wenn die Ganzhingabe vollzogen und gelebt wird, wird jemand bald zu rufen anfangen, wie Ludwig Maria es in seinem berühmten „Flammengebet" formulierte: „Herr, sende deinen Feuergeist auf die Erde, damit er [Menschen] erweckt, die ganz Feuer und Flamme sind und die das Angesicht der Erde erneuern und deine Kirche zu neuem Leben erwecken" (Flammengebet Nr. 17). Ja, wer solcherart brennt, der wird selbst bereit sein, zum Apostel zu werden: vereinigt mit Jesus, in Maria!

5. Kapitel

Das Rosenkranzgebet ist ein Gebet der Kraft

Wer den Rosenkranz kennt, der liebt ihn.

Eine Betrachtung[1]

Ort der Handlung ist die Erde,
Ziel der Handlung ist das Heil.
Singe wie ein Kind davon,
eingemischt in deine Lieder,
Licht und Dunkel jeder Stunde.

Offen trägt der Morgenwind
sie durch das Verderben weiter
gegen die Geheimniskrämer.
Sie verkaufen Kinderglauben
bis zu ihrem letzten Tag.

Der Verrat verkleidet sich
in die Form von leeren Fragen,
eingefärbt die letzte Silbe.
Sie vertauschen Wort und Sinn,
vorgefertigt in Beweisen.

Aug in Aug beginnt das Ringen.
Löse sorgsam Wort für Wort
aus den Schlingen der Verfolger!
Hebe sie in meine Hand,
dass sie ihre Flügel öffnen.

Der Rosenkranz ist das katholische Gebet schlechthin

Wir behaupten: Der Rosenkranz ist eine umfassende und innovative Gebetsform der Katholiken.[2] Jawohl innovativ!

Üblicherweise beginnen Predigten über den Rosenkranz apologetisch, als Verteidigungsrede, mit der Begründung, warum der Rosenkranz doch *noch* nicht veraltet ist, und weshalb man ihn doch *noch* beten sollte. Das kleine Wörtchen „noch" ist verräterisch, es enthüllt das mentale Präjudiz, dass es sich bei dem, das „noch" ist, um etwas handelt, das unweigerlich vom Aussterben bedroht ist. Wenn man als Mönch in Heiligenkreuz die Frage gestellt bekommt: „Wie viele Patres leben hier noch?", fühlt man sich wie ein Dinosaurier, der nur durch Zufall die große Katastrophe überlebt hat. Aber eben wie lange noch! Dabei ist bei uns geradezu das Gegenteil der Fall: Aufgrund der vielen jungen Berufungen ist das Kloster bis auf das letzte Zimmer belegt und erlebt einen Höchststand an Mitbrüdern seit 200 Jahren. Im Jahr 1988 konnte ein neues Kloster in Bochum gegründet werden. Wenn man auf die Reihen der jungen Mönche in Heiligenkreuz schaut, hat man das Gefühl, als habe Papst Benedikt XVI. bei seiner Amtseinführung am 24. April 2005 Heiligenkreuz vor Augen gehabt, als er rief: „Die Kirche lebt und ist jung." Und Heiligenkreuz ist unter den Klöstern und Ordensgemeinschaften kein Einzelfall!

Das Wörtchen „noch" passt nicht zur Kirche. Und es passt schon gar nicht zum Rosenkranz, denn es handelt sich dabei nachweislich um eine altehrwürdige, aber doch innovative Gebetsform. Wer vom Rosenkranz unter dem Präfix „noch" spricht, der zeigt höchstens, dass er selbst einer Generation angehört, in welcher der Rosenkranz nur als das zweifelhaft masochistische Vergnügen alter Betweiblein aufgefasst wurde. Die Situation hat sich geändert. Gerade weil der Rosenkranz, das sei unumwunden zugegeben, in den letzten Jahrzehnten als Gebetsform an Breite verloren hat, weil ihn ein oder zwei Generationen schon nicht mehr als Selbstverständlichkeit praktizierter Gläubigkeit kennen gelernt haben, ist er für junge Leute aufregend neu und leicht zu lernen. Da Jugendliche immer auch gefordert werden wollen und ihr religiöses Tun – genauso wie etwa das sportliche Training – gerne in Quantitäten bemessen, erfreut er sich neuer Beliebtheit. Zumindest für den „heiligen Rest" unter den praktizierenden, oft in Bewegungen und Gruppen gesammelten jungen Leuten, ist der Rosenkranz interessant, neu und herausfordernd.

Soweit meine Erfahrung, die mich zu der Behauptung führt, dass der Rosenkranz keine Apologetik braucht, keine Mund-zu-Mund-Beatmung um zu überleben. Die Zeiten, in denen er als bedrückend langweilig und traditionell starr empfunden wurde, sind ja in der Kirche schon längst vorbei.[3] Es ist oft eher ein Problem der kirchlichen Führungsschicht, die zur Zeit doch stark von den 68ern geprägt wird, dass sie die Postmodernität des Rosenkranzes noch nicht entdeckt hat, die ihn zu „der" alternativen christlichen Gebetsform macht, die wir der gnostischen Spiritualitätssehnsucht des New Age entgegensetzen könnten. Dass der Rosenkranz so wenig beworben wird, ist nicht die Schuld des Rosenkranzes, sondern unsere Schuld.

Ich möchte Ihnen nachfolgend einige theologische Argumente dafür geben, warum der Rosenkranz wertvoll und liebenswert ist. Allerdings möchte ich hinzufügen, dass der Sinn des Rosenkranzes ebenso wenig in seiner theologischen Analyse liegt, wie der Sinn eines Kochbuches sich darin erschöpft, bloß gelesen zu werden. Die Speisen wollen gekocht und verkostet werden. Ebenso will der Rosenkranz gebetet werden. Was nützen die schönsten Überlegungen zum Rosenkranz, wie sie etwa Romano Guardini oder Hans Urs von Balthasar angestellt haben, wenn die Rezepte nicht angewendet werden. Ein Axiom des heiligen Thomas lautet: *„Nihil in intellectu quod non antea fuerat in sensibus",* man könnte das frei übersetzen: Nichts ist in der Seele, das man nicht konkret ausprobiert hat. So kann ich den Leser hier höchstens auf den

Geschmack des Rosenkranzes bringen, dem Experiment und Wagnis des Gebetes werden Sie sich selbst aussetzen müssen. Ich hoffe, dass zumindest die Hemmschwelle durch diese Ausführungen heruntergesetzt wird. Doch nun zu einigen wichtigen Aspekten des Rosenkranzes.

Der Rosenkranz ist ein altehrwürdiges und bewährtes Volksgebet

Die Moderne war die Zeit der Machbarkeit; unsere Postmoderne ist die Zeit, in der das Nicht-Machbare wieder als das eigentlich Wertvolle entdeckt wird: das Geistige, die Natur und das Alte. Das Alte und Überlieferte ist nicht machbar, daher kostbar. Bei Restaurierungen geht es mittlerweile darum, die alte Substanz um jeden Preis zu erhalten; und Möbel, die man merkwürdigerweise „antik" nennt, obwohl sie oft nur Biedermeier oder Jahrhundertwende sind, erreichen astronomische Preise. Die Kirche bräuchte in dieser Situation eigentlich kein schlechtes Gewissen zu haben, wenn sie – kurz nach dem 2000. Geburtstag ihres Herrn – auf ihre „antiquitas" hinweist. Sie ist alt, sie schleppt manche böse Last durch die Jahrhunderte, aber auch die große heilige Erfahrung und das reiche spirituelle Erbe dieser Tradition.

Der Rosenkranz ist ein Aspekt dieses spirituellen Erbes, das aus verschiedenen Kulturen, Mentalitäten und Zeiten hier zusammengeflossen ist und vergoren wurde. Die Geschichte des Rosenkranzes begann eigentlich in den Wüsteneinsiedeleien der Sketis Ägyptens im 4. Jahrhundert, als sich das Mönchtum unter Antonius, Pachomius und all den vielen Wüstenvätern entwickelte. Die „Abbas" der Wüste hatten ein Ziel: die Flucht vor der geistigen Zerstreuung hinein in die Versenkung mit Gott. Weltflucht als Aufbruch in die innere konzentrierte Nähe Gottes. Die Wüstenväter legten sich daher ein großes Gebetspensum auf, nämlich täglich die 150 Psalmen. Überhaupt sind die Psalmen seit der Zeit der Apostel die Gebetsform der frühen Kirche geblieben, in ihnen lebt die Liturgie des Christentums aus seiner alttestamentlichen Wurzel. Die Wüstenväter beteten die Psalmen als ihr persönliches Gebet, als Meditation, sie versenkten sich durch das biblisch-vorchristliche Wort in das Geheimnis Christi hinein. Denn die Psalmen wurden immer als Christusgebet verstanden. Im westlichen benediktinischen Mönchtum wurden diese Psalmen dann zur Hauptform des Gemeinschaftsgebetes. Das „ora et labora", mit dem man die Benediktsregel aus dem 6. Jahrhundert herkömmlich zusammenfasste, muss – so die einhellige Meinung der heutigen Ordenshistoriker – ergänzt werden durch einen dreifachen Imperativ: *„Ora, lege et labora".* Die „lectio divina" bedeutete das anschauende Versenken in die Heilige Schrift, das Verharren in Stille beim biblischen Wort, das man sich dann auch in der Fantasie vorgestellt hatte, also genau die Gebetshaltung, die in der Exerzitien-Spiritualität des heiligen Ignatius im 16. Jahrhundert als „meditar" und „contemplar" verbreitet wurde und den Namen „betrachtendes Gebet" trägt. Bei der „lectio divina" arbeiten die Augen des Herzens. Das „lege" ist absolut privat, ist Herzensbegegnung mit dem Wort Gottes. Etwas anders hingegen versteht Benedikt unter „ora", er nennt es eigentlich „opus Dei", „Werk für Gott". Darunter versteht er das gemeinschaftliche Psalmodieren, das mönchische Chorgebet. Dieses ist eben kein Privatgebet, sondern offizielles Gebet, das stellvertretend für alle Menschen von früh bis spät Gott dargebracht wird: zweckfreies Ansingen und Anloben Gottes in der großen Einheit der himmlischen und irdischen Kirche: *„In conspectu angelorum psallam tibi!* – Im Angesicht der Engel will ich Dir Loblieder singen" (vgl. Ps 138,1). Dieses Psalmodieren ist zeitaufwendig, und es ist daher klar, dass die Konzentration nicht immer durchgehalten werden kann. Vor

allem ist es unmöglich, jedes Wort aufmerksam zu begreifen.
Die Melodien des gregorianischen Chorals machen aber auch
dieses amtliche „ora", bei dem sich die Mönche in Reihen ge-
genüberstehen, zu einer faszinierenden Meditation.

Der Rosenkranz ist nun entstanden als Popularisierung
dieses klösterlichen Psalmodierens und gleichsam als „Kombination" von „ora" und „lege", von amtlicher Gebetsrezi-
tation und privater Schriftkontemplation. Schon bei den
orientalischen Mönchen war es üblich, dass man einzelne
Psalmverse den ganzen Tag über bei sich repetierte: „Gott
komm herbei, um mich zu retten, Herr, eile mir zu helfen!"
(Ps 70,2) oder „Erweise uns, Herr, Deine Huld, und gewähre
uns Dein Heil!" (Ps 85,8). Im Orient entwickelte sich daraus
das Jesusgebet. Im Westen traten bei den Zisterziensern auch
viele ins Kloster ein, die des Lateins nicht mehr kundig waren.
Die zisterziensischen Konversen hatten daher ihre eigenen Ge-
betsräume und verkürzte, simplifizierte Gebetsformen. Schon
die Gebräuche von Cluny etwa sahen vor, dass die Brüder anstelle der 150 Psalmen 150 Paternoster beteten. Die Un-
kenntnis der lateinischen Sprache verstärkte sich im 13./14.
Jahrhundert; sie betraf vor allem die Bettelorden, die an Einfluss und Bedeutung die alten Mönchsorden bei weitem über-
trafen. Gerade die Bettelorden zogen ja einfache Berufungen
an, Männer, die aus dem Bauern- oder Handwerksstand
kamen und keine Bildung hatten.

Dies ist der geschichtliche Kairos, in welchem der Rosenkranz entstand. Noch ein geschichtlicher Umstand kam
hinzu: Dass sich eben zu dieser Zeit das Gebet des „Ave-
Maria" gleichsam als „christologisch-marianische Ergän-
zung" dem Vaterunser beigesellte. War das Vaterunser schon
vorher ein beliebtes Wiederholungsgebet, so wurde es jetzt
durch die Reihe von 150 Ave-Maria abgelöst, die dann in 3
Quinquagenen geteilt wurden, dreimal 50 Ave-Maria. Die
Zahl 150 entspricht eben der der Psalmen, weshalb noch

heute das Gebet aller drei Rosenkränze „Psalter" genannt
wird. Ab dem 13. Jahrhundert kam auch der Name „Rosarium" auf.

Wahrscheinlich gab es den Rosenkranz als klösterliche
Gebetsform der Ordensbrüder, Beginen und Arbeitsnonnen
schon lange vor dem 15. Jahrhundert. Es gibt etwa das ein-
deutige Zeugnis eines Leben-Jesu-Rosenkranzes in einem Zis-
terzienserinnenkloster um das Jahr 1300![4] Wie dem auch sei,
tatsächlicher Ausgangspunkt der Verbreitung des heutigen Rosenkranzes ist der Dominikanerorden und hier vor allem der
Karthäuser Dominicus von Preußen († 1460). Dominicus
wurde als Novize vom Prior der Kartause zu Trier, Adolf von
Essen († 1439), in die marianische Frömmigkeit des Ordens
eingeführt; noch als Novize erfand Dominicus wohl im Advent
1409 unseren Rosenkranz, indem er dem Namen Jesus am
Ende eines jeden Ave-Maria einen Relativsatz, eine so genannte
„clausula", hinzufügte. Dominicus entwarf für jedes der 50
Ave-Maria einen anderen biblischen Betrachtungspunkt; seit
Ende des 14. Jahrhunderts waren es dann nur noch 15, ein Betrachtungspunkt pro Gesätz. Der Rosenkranz in seiner heutigen Form hat sich innerhalb kürzester Zeit entwickelt.

Adolf von Essen hatte für diese Gebetsform seines Schü-
lers geworben, und viele Dominikaner schlossen sich an. Der
einflussreiche Dominikanerprediger Alanus de Rupe († 1475)
hatte unter anderem nachweislich deshalb dafür Werbung gemacht, weil er der irrigen Meinung war, dass sein Ordensvater Dominicus diese Gebetsform entwickelt hätte. Schon im
15. Jahrhundert begann man nämlich, den heiligen Dominicus Guzman (1170-1221) mit dem eigentlichen Erfinder des
Rosenkranzes, Dominicus von Preußen, zu verwechseln. Dieser Namensirrtum fand sich seit 1520 auch in den päpstlichen
Dokumenten und wurde dann fortgesetzt übernommen, bis
Paul VI. der historischen Wahrheit Rechnung getragen hat
und in „Marialis Cultus" auf die Nennung des hl. Dominicus

als Erfinder des Rosenkranzes verzichtete. Ikonografisch hat diese Verwechslung der „Dominicusse" ihren Niederschlag in zahlreichen Darstellungen gefunden, wo man den heiligen Dominicus zu Füßen der Madonna sieht, die ihm huldvoll den Rosenkranz überreicht. Man muss aber sagen: „Se non è vero, è ben' trovato! – Wenn es nicht wahr ist, so ist es zumindest gut erfunden", da tatsächlich die Wurzeln des Rosenkranzes in jener Laienspiritualität gründen, die durch die Bettelorden des 13. Jahrhunderts gefördert wurde.

Wir sehen also, dass der Rosenkranz eine erhabene „antiquitas" hat, er entstand lange vor Lourdes, Fatima und Medjugorje! Er ist die Popularisierung einer uralten und erhabenen monastischen Gebetsform. Populär ist der Rosenkranz tatsächlich schnell geworden, vor allem durch die Rosenkranzbruderschaften – wieder waren die Dominikaner hier maßgeblich beteiligt – wurde er im breitesten Sinn zum Volksgebet. Auch die Päpste hatten den Rosenkranz von Anfang an gefördert, so etwa schon Sixtus IV. 1478 und der Dominikanerpapst Pius V., in dessen Pontifikat am 7. Oktober 1571 der Sieg der spanisch-venezianischen Armada über die Türken bei Lepanto errungen wurde. Sein Nachfolger Gregor XIII. führte dann das Fest „Unserer Lieben Frau vom Siege" ein, aus dem das heutige Rosenkranzfest wurde. Papst Leo XIII. hatte Ende des 19. Jahrhunderts allein 16 Rundschreiben über den Rosenkranz herausgegeben. Ihm verdanken wir, dass der gesamte Oktober unter dem Zeichen des Rosenkranzes stehen soll; er fügte die Anrufung „Königin des heiligen Rosenkranzes" in die Lauretanische Litanei ein. Die Päpste des 20. Jahrhunderts haben allesamt den Rosenkranz gefördert. Paul VI. hat ihn als „die kirchenamtlich geordnete Form" (Marialis Cultus 49) empfohlen; Papst Johannes Paul II. betete ihn jeden ersten Samstag im Monat via Radio Vatikan vor; es gibt eine eigene Rosenkranz-CD mit ihm usw.

Halten wir fest: Der Rosenkranz ist eine altehrwürdige

kirchliche Gebetsform, die sich in der Kirche aus einer langen Tradition des Psalmodierens und Betrachtens entwickelt hat, die von Millionen Christen praktiziert wird und vielen Menschen geistliche Kraft gibt. Und der Rosenkranz ist zudem eine Form der Spiritualität, die vom apostolischen Amt gutgeheißen und gefördert wird.

Der Rosenkranz als Gebetsschnur

Rosenkranz bezeichnet nicht nur das Gebet, sondern auch das „technische Mittel" des Gebetes, also den Rosenkranz als „Gegenstand". Religionswissenschaftlich gesehen gehört der Rosenkranz zu der in allen großen Religionen beheimateten Familie der „Gebetsschnüre". Eine Gebetsschnur, an der verschiedene Perlen oder Knoten aneinandergereiht sind, dient zunächst einmal dem Abzählen einer bestimmten Anzahl von Gebeten. Wir kennen solche Zählschnüre im Hinduismus, Buddhismus und Islam. Die Form dieser Gebetsschnüre variiert jeweils nach dem Inhalt, der damit verbunden ist. Im Islam etwa sind es 99 Knoten, die der Zahl der Namen Allahs entsprechen. Der christliche Rosenkranz hat 50 Ave-Maria-Perlen, also ein Drittel von 150, weil er sich, wie wir gehört haben, aus dem Abbeten der 150 Paternoster anstelle der 150 Psalmen entwickelt hat. Übrigens wurde der Rosenkranz bis ins 17. Jahrhundert „Paternoster" oder „Pater" genannt. Erwähnenswert ist, dass es solche Gebetszählgeräte auch in der Orthodoxie gibt, das so genannte „Komposkoini" oder „Komposkonion", ein Knotenseil mit 33, 50, 100 oder 300 Knoten. Dieses wird unter Gebet angefertigt und für das Jesusgebet verwendet. Es dient zur Aufzählung des „Herr Jesus, erbarme dich meiner!" Meines Wissens wird es nicht nur von Mönchen, sondern auch von Laiengläubigen verwendet.

Der in der katholischen Kirche heute weithin übliche Rosenkranz besteht aus einer Kette von fünf Zehnergruppen, die jeweils durch eine etwas größeren Perle voneinander getrennt sind. Das optisch wie ein Anhängsel erscheinende Perlenstück, bestehend aus einem Kreuz, einer dickeren Perle und einer Dreiergruppe von Perlen, ist der Rosenkranzanfang. Jeder Rosenkranz beginnt – beim Kreuz – mit dem Kreuzzeichen, dem Glaubensbekenntnis und dem Vaterunser. Es folgen drei „Gegrüßet seist du, Maria", in denen um die drei göttlichen Tugenden gebetet wird. Die Dreiergruppe wird mit einem „Ehre sei dem Vater" abgeschlossen. Das bedeutet zugleich, dass auf das Bekenntnis zum Größtmöglichen – zum Dreifaltigen Gott – die Bitte um das Größtmögliche folgt: nämlich die Bitte um Glaube, Hoffnung und Liebe. Bei den größeren Perlen wird jeweils ein Vaterunser gebetet. Dann beginnt der eigentliche „Kranz" der fünfmal zehn Perlen, der jeweils mit einem „Ehre sei dem Vater" beendet wird. Jede dieser fünf Zehnergruppen entspricht jeweils einem Glaubensgeheimnis, das den zehn „Gegrüßet seist du, Maria"-Gebeten eingefügt wird. Fünf dieser Gesätze ergeben zusammen einen „Rosenkranz". So gibt es den „schmerzhaften", den „glorreichen" und den „freudenreichen Rosenkranz".

Es ist natürlich klar, dass sich der künstlerische Drang bald dieses frommen Gegenstandes bemächtigte. Schon im 16. Jahrhundert fand man bereits Rosenkränze, die zu einem filigranen Schmuckgegenstand ausgearbeitet wurden. Vieles davon spricht uns heute überhaupt nicht mehr an, und man muss darauf achten, dass man das „Zählgerät" nicht mit dem Inhalt des Rosenkranzes verwechselt und den Rosenkranz zu einem kitschigen Firmungsgeschenk oder einem magischen „Schutzengerl"-Gegenstand verkommen lässt. Der Rosenkranz muss gebraucht werden. Auf der anderen Seite muss man natürlich die positive Seite betonen, die darin liegt, dass der Rosenkranz immer noch ein Massenprodukt ist, das uns aus den Devotionalienständen größerer Wallfahrtskirchen entgegenblinkt. Immerhin ist dies noch eine Erinnerung daran, dass wir ihn beten sollten. Zur Zeit erfreuen sich die naturhaft-einfach-alternativ-hölzernen Rosenkränze größerer Beliebtheit, und die Jugendlichen stecken sich gerne Ringrosenkränze an die Finger. Schließlich eignen sich auch die Finger selbst zur dezimalen Abzählung der betrachteten Geheimnisse. Beim Spazierengehen oder zu den ungewöhnlichsten Gelegenheiten sind die Finger „praktisch", „zuverlässig" und „unauffällig". Auf der anderen Seite war etwa der Rosenkranz, den Mutter Teresa niemals aus der Hand gegeben hatte, ein beständiges Zeugnis ihres Glaubens, dem man durchaus nacheifern sollte.

Der Rosenkranz ist eine meditative biblische Betrachtung

All das bisher Gesagte bewegt sich mehr im Historischen. Wenn wir den Rosenkranz etwas theologischer betrachten, so stellen wir zunächst fest, dass es sich dabei um ein zutiefst biblisches Gebet handelt. Er besteht in der Hauptsache aus zwei Gebeten, dem Ave-Maria und dem Paternoster. Das Vaterunser ist das Hauptgebet der Christen, dessen biblischer Ursprung uns ohnehin bewusst ist. Aber auch das Ave-Maria besteht im ersten Teil aus zwei Versen, die zwei biblische Szenen miteinander verbinden. Der erste Satz ist der Engelsgruß aus Lk 1,28: „Gegrüßet seist Du, Maria, voll der Gnade, der Herr ist mit Dir!" Der Text ist modifiziert, indem der Name Maria eingefügt wurde. Biblisch grüßte Gabriel die Jungfrau nämlich nicht unter Nennung ihres Namens, sondern indem er sie als „kecharitooméne" apostrophierte: „Chaire, kecharitooméne", „Sei gegrüßt, Begnadete!" Das griechische „Chaire" ist auch weit mehr als die deutsche Übersetzung es nahe legt, es ist eine Aufforderung zur Freude, die in diesem Fall ihre höchste Begründung erfuhr: Maria wurde zur Freude aufgefordert, weil sie in unfassbarer Weise zur Mitarbeit an der Erlösung eingeladen wurde.

Der zweite Satz ist der Gruß Elisabeths an Maria, als diese ihr Haus im Bergland von Judäa betrat. Im griechischen Original heißt es, dass Elisabeth ihr diesen Gruß mit lauter Stimme „entgegengeschrien" habe: „Gesegnet bist Du mehr als alle anderen Frauen, und gesegnet ist die Frucht Deines Leibes" (Lk 1,42). Dominicus von Preußen berichtete, dass es während seiner Studentenzeit um das Jahr 1400 in Krakau noch nicht üblich war, den Namen „Jesus" hinzuzufügen[5]. Dominicus selbst war hier innovativ, indem er ein Lebensgeheimnis Jesu in einer „clausula" anhängte: „Und gebenedeit ist die Frucht Deines Leibes, Jesus, der uns den Heiligen Geist gesandt hat" usw. Tatsache ist, dass der Name Jesus nicht nur sprachlich, sondern auch geistig den Mittelpunkt des Ave-Maria bildet, sodass man den Rosenkranz verschiedentlich auch schon Jesusgebet genannt hat. Der schweizerische Reformator Huldrich Zwingli fasste die Einfügung des Namens Jesu als vom Heiligen Geist eingegeben auf[6] (Marienlexikon 1,310).

Der zweite Teil des Ave-Maria ist jedoch nicht biblischen Ursprungs. Es ist ein angehängtes Bittgebet, nämlich die Bitte an Maria um ihre Fürsprache als Muttergottes, jetzt und in der Stunde unseres Todes. Bis ins 15. Jahrhundert betete man das Ave-Maria ohne diesen zweiten Teil, sodass der Rosenkranz damals geradezu dramatisch kurz gewesen sein musste. Es verwundert uns deshalb auch nicht, wenn man täglich den ganzen Psalter, also alle 15 Gesätze, betete. Man betete: *„Et benedictus fructus ventris tui Jesus. Amen.* – Und gebenedeit ist die Frucht Deines Leibes, Jesus. Amen."

Die Erweiterung zu der heutigen Form lässt sich ab der Mitte des 15. Jahrhunderts nachweisen und wird – allerdings nicht mit letzter historischer Gewissheit – niemand geringerem als Papst Alexander VI. zugeschrieben (1492-1503). Auch wenn dies nur eine Zuschreibung ist, liegt darin eine theologische Aussage. Dass man für den zweiten Teil gerade jenen Borgia-Papst, der die Kirche mit Simonie, Ehebruch und gefährlichem Nepotismus an den Rande des Abgrundes brachte und so der Reformation Vorschub leistete, verantwortlich machte, zeugt vom Sündenbewusstsein und Erlösungsbedürfnis der Menschen der Renaissance: „Heilige Maria, Mutter Gottes, bitte für uns Sünder, jetzt und in der Stunde unseres Todes. Amen." Luther versuchte von einer ganz anderen Seite her mit der Sünde fertig zu werden. Die Sündenangst war damals allgemein sehr mächtig, die Einsicht in die Sündenverfallenheit war allgegenwärtig. Tatsache ist, dass die Anfügung der Anrufung Mariens an die beiden biblischen Verse in den ersten beiden Jahrzehnten des 16. Jahrhunderts erfolgte, also gerade zu der Zeit, in der Luther auf die Unbewältigbarkeit der menschlichen Sünde hinwies.

Interessant ist auch, dass der Humanist Erasmus von Rotterdam zu dieser Zeit im „Englischen Gruß" nur einen Gruß sehen mochte, nur ein rezitiertes Bibelwort, kein Gebet. Offensichtlich war er der Auffassung, dass nur eine Bitte auch tatsächlich Gebet sei[7]. Das erklärt anschaulich, warum die zweite Hälfte angefügt wurde. Pius V. hatte im Jahr 1568 schließlich die Bittanrufung ins Römische Brevier übernommen, und seit dieser Zeit ist das Ave-Maria mit seinen zwei Teilen unverändert. Auf diese Weise wurde die biblische Betrachtung mit der persönlichen Bitte verknüpft, aus dem Rosenkranz wurde ein Bittgebet, ja das Bittgebet schlechthin.

Der Rosenkranz ist ein tiefes, geistiges Gebet

Auch wenn der Rosenkranz als Gebetswiederholung aufgebaut ist und somit den meditativen Charakter in den Vordergrund stellt, wäre es falsch verstanden, ihn als eintönig und langweilig zu betrachten. Wir haben gesehen, wie er sich aus der Kombination von „ora" und „lege" entwickelt hat: von offiziell-amtlichem Gebet und subjektiv-privatem Gebet. Auch die beiden Hälften des Ave-Maria – der erste biblische

Teil und der zweite bittgebetliche Teil – sind hier zu nennen.
Beides zieht den Geist gleichsam in die Tiefe: der Blick auf die
Heilsgeheimnisse und der Blick auf die eigene Not.

Der Rosenkranz wirkt abstoßend, wenn er nur geleiert
wird, nur äußerliche Rezitation ist. Dann gliche er dem „Ge-
plapper der Heiden" (Mt 6,7), dem „Ohm-Ohm-Schreien"
der Gnostiker und den Mantren der erleuchtungshungrigen
New-Age-Fans. Beten ist immer ein geistiger Akt, Beten geschieht im Heiligen Geist und reißt deshalb die Bewusstlo-
sigkeit weg zwischen uns und dem ewigen Gott. Der
Rosenkranz bietet als besondere Hilfe hierfür seine Rhythmik und seine Dauer: seine Einfachheit, die sich mit einer
Prägnanz in Bezug auf die betrachteten Geheimnisse paart.
Beides ist auch möglich und von den geistlichen Lehrern erlaubt: das Verharren beim Wort, das die Lippen sprechen;
aber auch das Fliegen des Geistes, das Ausscheren der Gedanken – allerdings nur hin zu den Geheimnissen der Erlösung, die man betrachtet.

Dazu ein praktischer Hinweis: Wichtig ist immer die Disposition. Ein kurzer Augenblick der Konzentration genügt
oft, um sich bewusst in die Gegenwart Gottes zu versetzen.
Gott ist von sich aus immer da, es liegt an uns, den Schleier
der Nicht-Konzentration wegzuziehen. Die Gottesmutter hat
in allen Privatoffenbarungen – Lourdes, Fatima usw. – immer
gefordert, dass der Rosenkranz „betrachtend" gebetet werden soll. Nur dann wirkt der Rosenkranz abstoßend, wenn
er zur bloßen Rezitationsübung verkommt. Wir dürfen und
sollen also beim Rosenkranz unsere Fantasie anstrengen, dürfen und sollen uns ruhig bildlich die Lebensgeheimnisse Jesu
vorstellen. Der Nebeneffekt des betrachtenden Rosenkranz-
gebetes wird natürlich auch sein, dass er wesentlich spannen-
der wird, weil das Auge des Herzens und des Geistes in ganz
neue Welten eindringen wird.

Der Rosenkranz ist ein einfaches Gebet

Der Rosenkranz ist ein schlichtes Gebet. Man braucht dazu weder eine theologische Fachausbildung noch eine spezielle charismatische Veranlagung, man braucht keine Redegewandtheit oder Formulierungskraft. Der Rosenkranz ist sowohl in seinem Aufbau als auch in seinem Inhalt ein schlichtes, einfaches, simples Gebet. Wer das Vaterunser, das Ave-Maria und das Ehre-sei-dem-Vater kennt, kann den Rosenkranz schon beten. Er ist ein Gebet für Kinder und für Menschen mit kindlichem Herzen. Jesus sagt: „Wenn ihr nicht werdet wie die Kinder..." Es ist auffallend, dass die Muttergottes auch immer Kindern erschienen ist – in Lourdes, in Fatima, in La Salette usw.

Viele Menschen, speziell junge Menschen, haben durch den Rosenkranz erst gelernt, was Beten ist: ein kindliches Sprechen des Herzens mit Gott, ein unbefangenes Betrachten der Heilsgeheimnisse Gottes.

Der Rosenkranz ist auch als Gebetsform demütig. Bei gremialen Sitzungen erlebe ich oft, dass entweder gar nicht gebetet wird oder es wird irgendein komplizierter Text vorgelesen, der das Herz nicht berührt und nur den Kopf verwirrt. Wie einfach wäre es doch, ein Gesätzchen Rosenkranz zu beten. Und schon ist der Geist geordnet, das Herz gereinigt und der Blick für das Wesentliche geschärft. Aber dazu braucht es Demut, Schlichtheit und Einfachheit.

Der Rosenkranz ist von seiner Metastruktur her biblisch. Er ist kein magischer Zugriff auf Gott durch eine Gebetstechnik, sondern er stellt uns durch seine 50 Ave-Maria einfach in die Situation des redenden Gottes und antwortenden Menschen. Gott spricht: „Sei gegrüßt, Maria". Die Antwort Mariens soll zu unserer Antwort werden. Im Rosenkranz lernen wir, den Ruf Gottes zu hören und anzunehmen, da uns dieses Gebet innerlich öffnet. „Rede Herr, Dein Diener hört", haben die alttestamentlichen Propheten Gott geantwortet, wenn er offenbarend an sie herangetreten ist. Im Rosenkranz wiederholt der Beter dutzende Male den Engelsgruß an Maria: „Sei gegrüßt, Du Begnadete, der Herr ist mit Dir!" Die Demut Gottes, der sich so tief neigt, und die Demut des Menschen begegnen sich hier. Das Resultat war der heilige Gott und der heilige Mensch in der Gestalt Jesu Christi, des Sohnes Gottes und der Jungfrau Maria. In dieselbe Situation stellt sich der Rosenkranzbeter hinein: er wird angesprochen und ist gehalten, durch sein Leben Gott zu antworten.

Der Rosenkranz ist aufgrund seines Rhythmus ein intensives Gebet

Der Rosenkranz ist zwar einfach, aber er ist dennoch ein echtes und gutes Gebet. Die Not der Kirche heute ist wesentlich eine Not des Gebetes, nämlich des richtigen Gebetes. Der Mensch ist nicht unreligiös, er sucht ja, wie es die Esoterik- und Gnosis-Welle zeigt. Er sucht nach dem Kontakt mit dem Göttlichen mit dem uralten ewigen „desiderium naturale". In der Kirche scheint er aber nur Formeln mitzubekommen, die ihm nichts sagen. Solange Beten als Plappern von Formeln verstanden wird, ist es kein Beten.

Das kindlich-einfache Wiederholungsgebet des Rosenkranzes ist eine Chance, denn hier kann man lernen, was Beten überhaupt heißt. Gerade das Wiederholen von Immer-Demselben ermöglicht, dass unser Geist frei wird. Wir müssen nicht am Wort kleben, sondern das Wort klebt sich an uns. Unser Herz atmet durch, und unsere Gedanken erheben sich. Plötzlich treten wir in eine ungeahnte Dimension ein: in die Dimension Gottes. Freilich: der Rosenkranz mit seiner Rhythmik ist ein intensives Gebet. Man braucht dafür auch Zeit, aber Zeit, die zur erfüllten Zeit wird. Denn auch wenn man „trocken" und aus reinem Pflichtbewusstsein beginnt, ja selbst wenn man den Rosenkranz nur „nebenbei" – beim Autofahren oder Bügeln – betet, so führt er doch in den meisten Fällen zu einer inneren Erhebung. Man könnte als energetisches Grundgesetz des Rosenkranzes auch formulieren: Was an Zeit verloren geht, wird an Kraft und Gnade gewonnen.

Vielleicht kann der Leser meine Erfahrung teilen? Es geht uns doch oft so, dass wir am Anfang des Betens denken: Oje, ein ganzer Rosenkranz, wie anstrengend... Und es ist uns zuwider, wir sind zu faul usw. Wenn wir dann doch beten, uns doch einlassen, dann geht es wie automatisch: Wir tauchen immer tiefer und werden immer ruhiger. Und am Schluss ist man gestärkt, voll Mut und Energie. Der Rosenkranz ist zwar auf den ersten Blick „kostenintensiv", da man Zeit, Überwindung und Muße investieren muss. Auf der anderen Seite sind diese geistigen Investitionen gut angelegt, da man Energie und Kraft – psychologisch und seelisch – schöpfen kann.

Der Rosenkranz kann eine Oase im Stress des Alltags sein, da er auch psychologisch beruhigend und damit seelisch heilend wirkt. Die Methode des Wiederholens kann zur Entspannung verhelfen. Wir brauchen uns nicht zu schämen, dass es solche Gebetsformen auch in anderen Religionen gibt. Nervösen Menschen, die nicht einschlafen können, kann man ruhig auch raten, es einmal mit dem Rosenkranz zu versuchen. Da der Rosenkranz breit anwendbar ist, eignet er sich zur Herzensunterstützung jedweder Tätigkeit.

Der Rosenkranz ist ein Gebet der Liebe

Man beachte den Namen: Rosen-Kranz, Rosarium. Die Rose ist ein Symbol der Liebe. Wenn man jemanden liebt, schenkt man ihm Rosen. Im Mittelalter galt die Rose als schönste und wertvollste Blume; einen Rosengarten zu besitzen, war das Privileg der Wohlhabenden. Wenn man jemandem Rosen schenkt, drückt man damit aus: Du bist mir sehr viel wert.

Das Rosenkranzgebet ist deshalb ein Geschenk der Liebe an jene Frau, die im Heilsplan Gottes Mutter seines Sohnes werden sollte. Seit dem 13. Jahrhundert gibt es die Bezeichnung „Rosarium" für das Wiederholungsgebet.

Die Legende dazu: Ein Zisterziensermönch war schon vor seinem Ordenseintritt daran gewöhnt, eine Marienstatue mit einem Kranz aus wirklichen Rosen zu schmücken. Diesem offenbarte nun Maria, dass es ihr willkommener wäre, wenn er ihr stattdessen einen Kranz aus 50 geistigen Rosen, also 50 Ave-Maria, schenken könnte.

Der Rosenkranz ist aber nicht nur ein Geschenk der Liebe für die Gottesmutter, sondern auch ein Geschenk für jene Menschen, für die wir ihn beten. Eine gute Art, wie man den Rosenkranz lernen kann, ist zum Beispiel, bei jedem Ave-Maria an einen anderen Menschen zu denken und das Ave-Maria für ihn aufzuopfern: da kann man im Geist jene Menschen, die einem am Herzen liegen, seine Familie, seine Nachbarn, seine Schulkameraden usw. an sich vorüberziehen lassen. Diese Art des Betens empfehle ich auch den Erfahrenen von Zeit zu Zeit, da sie unsere Verbundenheit mit den Menschen stärkt, die uns anvertraut sind.

Der Rosenkranz ist gnadenhaft wirkmächtig

Über den Rosenkranz hätten die Theologen die klügsten Worte sagen können, er wäre weder entstanden, noch hätte er sich so rasch verbreitet, wenn ihm nicht eine besondere Faszination zueigen wäre: Er macht gleichsam die Barmherzigkeit Gottes fassbar. Gnadenwirkungen kann man nicht theologisch aufrechnen, sie erweisen sich dem Bittenden oder nicht; sie sind eine Erfahrungswirklichkeit und keine theologische Theorie. Der heilige Dominicus von Preußen schrieb schlicht: Wir beten zu Maria, „damit wir die Gnade des Heiligen Geistes durch Maria erlangen" (Klinkhammer 60).

Am 7. Oktober 1571 schlug der spanische Infant Don Juan d'Austria in einer fürchterlichen Seeschlacht bei Lepanto (heute Naupaktos am Golf von Patras) die türkische Armada. Zuvor hatte Papst Pius V. die Gläubigen aufgerufen, den Rosenkranz zu beten, denn die Türken waren plündernd über den Balkan immer wieder in Richtung Norden gezogen und drohten, die Mittelmeerküsten zu verwüsten. Ohne das Gebet von Millionen Menschen wäre der Sieg des kleinen spanisch-venezianischen Heeres der Heiligen Liga gegen die türkische Übermacht nicht zu erklären. So feierte man zunächst am 7. Oktober das Fest „Unserer Lieben Frau vom Sieg", aus dem dann das spätere Rosenkranzfest wurde. Die Kirche weiß um die Macht des Rosenkranzes, denn durch dieses Gebet entsteht eine geistige Energie.

Vom heiligen Clemens-Maria Hofbauer wird erzählt, dass er im damaligen Wien oft zu sehr verstockten Menschen gerufen wurde, die im Sterben lagen und sich nicht bekehren wollten. Da holte man immer ihn, weil er einen gewissen Ruf hatte, dass er alle Herzen zu öffnen vermochte. Und tatsächlich hatten sich die meisten seinen Worten nicht verschlossen, hatten gut gebeichtet und waren gut gestorben. Clemens-Maria Hofbauer hatte einmal das Geheimnis seines Erfolges verraten: Er war nie mit der Kutsche zu diesen Kranken gefahren, sondern immer zu Fuß gegangen und hatte dabei unterwegs intensiv den Rosenkranz gebetet.

Schließlich muss hier in Wien auf eine weitere Gnade hingewiesen werden, die in der Geschichte unserer Heimat Österreichs offenkundig ist. Wir Österreicher sind überzeugt, dass wir es dem Rosenkranzgebet verdanken, dass uns durch den Staatsvertrag im Jahre 1955 die Befreiung aus der kommunistischen Machtsphäre geschenkt worden ist. Der einfache Franziskanerpater Petrus Pavlicek hatte seit 1947 Hunderttausende durch die Bewegung des „Rosenkranzsühnekreuzzuges" für den Rosenkranz begeistert: Man betete um Frieden und Freiheit und kultivierte den Geist von Fatima, indem man besonders für die Nationen unter den damals atheistischen staatskommunistischen Diktaturen betete. Der österreichische Bundeskanzler Leopold Figl hatte die Idee gehabt, den Rosenkranz öffentlich zu beten, und zwar in Wien auf der Straße. Es ist überliefert, dass der damalige Wiener Erzbischof Kardinal Theodor Innitzer keineswegs von dieser Idee begeistert war, er befürchtete eine Blamage: „Und wenn niemand kommt?", war seine Frage an den Bundeskanzler. „Eminenz", antwortete Figl, „dann gehen wir beide eben alleine, Hauptsache wir gehen." Tatsächlich sind dann Zehntausende gekommen und rosenkranzbetend über den Ring gezogen, beobachtet von den Besatzungstruppen der Russen, Amerikaner, Franzosen und Engländer. „Österreich ist frei", hieß es dann am 15. Mai 1955, und bis zum heutigen Tag findet um das Maria-Namen-Fest am 12. September eine große Feier mit Heiliger Messe in der Wiener Stadthalle statt, die mit vielen Tausenden Menschen jedes Jahr die größte katholische Veranstaltung in Österreich ist.

Und zuletzt muss ich erwähnen, dass die Missionserfolge der Kirche bis zum heutigen Tag ohne Rosenkranz nicht vorstellbar und erklärbar wären. Das Rosenkranzgebet leistet zur Popularisierung des Glaubens einen wichtigen Beitrag: Es ist Gebet und doch zugleich beständige biblische Katechese. Eindrucksvoll etwa das Beispiel Japans, wo in einer 200-jährigen Verfolgungszeit keine Priester und Katecheten wirken durften. Als im Jahr 1865 wieder Missionare ins Land kamen, konnten sie es selbst nicht fassen, dort Katholiken anzutreffen, die religiös gebildet waren und als Erkennungszeichen den Rosenkranz zu beten wussten.

Ich schließe aber mit einem anderen Text, der von unserem prominenten Ordensvater stammt, von Bernhard von Clairvaux († 1153). Auch wenn die Dominikaner die besseren Propagandisten des Rosenkranzes waren, so steht doch uns Zisterziensern unzweifelhaft die Ehre zu, das Vertrauen zur Gottesmutter als eine spirituelle Grundhaltung entdeckt und gefördert zu haben. Der Rosenkranz ist aus dem Bemühen entstanden, geistig immer mit unserer Lieben Frau verbunden zu sein, ihren Namen stets im Herzen und auf den Lippen zu tragen. So darf ich also mit einem berühmten Text Bernhards schließen, den man – auch wenn es den Rosenkranz damals noch gar nicht gegeben hat – als eine direkte Einladung zum Rosenkranzgebet annehmen sollte. Er schrieb:

„Erheben sich die Stürme der Versuchung, befindest du dich inmitten der Klippen der Trübsale, blicke auf zum Stern des Meeres, rufe Maria zu Hilfe! Wirst du auf den Wogen des Hochmutes, des Ehrgeizes, der Verleumdung, des Neides hin und her geworfen, blicke auf den Stern, rufe Maria an. Schleudert der Zorn, der Geiz, die Fleischeslust das Schiff deiner Seele hin und her, blicke auf Maria!

Bist du über die Schwere deiner Sünden bestürzt, über den elenden Zustand deiner Seele beschämt, bist du von Schrecken erfasst bei dem Gedanken an das Gericht, beginnst du immer tiefer in den Abgrund der Trostlosigkeit und der Verzweiflung zu sinken, denke an Maria!

Mitten in Gefahren, Nöten und Unsicherheiten denke an Maria, rufe Maria an. Ihr Name weiche nicht aus deinem Mund, weiche nicht aus deinem Herzen! Damit du aber ihre Hilfe und Fürbitte erlangest, vergiss nicht ihr Vorbild nachzuahmen.

Folge ihr, dann wirst du dich nicht verirren. Rufe sie an, dann kannst du nicht verzweifeln, denk an sie, dann irrst du nicht. Hält sie dich fest, kannst du nicht fallen. Schützt sie dich, dann fürchte nichts! Führt sie dich, wirst du nicht müde. Ist sie dir gnädig, dann kommst du sicher ans Ziel!"[8]

6. Kapitel

Die Familie als Abbild der Dreifaltigkeit

Gott baut die Kirche von der Familie her auf

Gott im Herzen der Familie

„A family that prays together stays together", hatte Mutter Teresa oft und oft betont: „Eine Familie, die zusammen betet, bleibt auch zusammen!" Wenn Gott im Leben einer Familie Raum und Zeit gegeben wird, wirkt er die Wunder seiner Gnade. Und die Familien brauchen heute wirklich viel Gnade, damit sie gelingen!

Als Theologe kann man vieles über Familie sagen: so ist sie z. B. Abbild des Schöpfertums Gottes. In der Familie wird Leben weitergegeben, und die Eltern tragen durch ihre Liebe zur so genannten „Prokreation" der Kinder bei, während Gott als Schöpfer der unsterblichen Seele wirksam wird. Wo gibt es sonst eine solche Verschränkung des menschlichen und göttlichen Tuns, der menschlichen und göttlichen Liebe. Alle diese Themen wären interessant. Besonders interessant wäre die Frage, inwieweit Familie am Erlösertum Gottes teilhat, denn Gott bietet seine Erlösung an, um den Menschen aus der Selbstverstrickung in die Sünde zu befreien und seine innere Freiheit zur Hingabe zu reinigen. Der Erlöser manifestierte am Kreuz, was Gott unter dem erlösten Vollzug menschlicher Freiheit versteht: die selbstlose Hingabe an den anderen. Diese Selbstlosigkeit in der Hingabe ist nun gerade ein Wesenszug der Familie: in ihr wird das Zusammenleben der Menschen von der Wurzel her vom Egoismus gereinigt und zur Hingabe befreit. So beginnt Familie mit dem Bundesversprechen der Ehegatten: „Ich will Dich lieben in guten und in bösen Tagen, in Gesundheit und in Krankheit... solange ich lebe!" Die Liebe, die jeder Familie im Sakrament zugrunde gelegt wird, ist die erlöste und erlösende Hingabeliebe Christi, sie ist das Maß der familiären Beziehungen.

Doch aus allen diesen möglichen Themen über Familie nehmen wir uns drei heraus: Zunächst soll die Frage behandelt werden, in welcher Beziehung die Familie als menschliche Gemeinschaft zu Gott steht, der in sich dreifaltige Gemeinschaft der göttlichen „Personen" ist: Familie als Abbild der Dreifaltigkeit, der Trinität. Zweitens werden wir die schon praktischere Frage beantworten, wie eine Familie konkret als Hauskirche mit Gott leben kann; und im dritten Teil soll es um die Frage der religiösen Symbole gehen, die das Haus der christlichen Familie prägen sollen, sodass Gott wirklich im Herzen einer Familie erfahrbar wird.

Die Familie ist Abbild der Dreifaltigkeit

Wir beginnen ganz theologisch mit der Behauptung, dass die Familie nichts weniger ist als das Abbild des dreifaltigen Gottes. Damit wir dies aber verstehen, müssen wir zunächst das Geheimnis der Dreifaltigkeit selbst begreifen. Familie ist eine Gemeinschaft von Mann und Frau, im Bund geeint und fruchtbar in der Liebe. Dasselbe gilt analog für Gott. Auch Gott ist Gemeinschaft, auch er ist im Bund geeint, auch er ist fruchtbar in der Liebe, – das nennen wir „Dreifaltigkeit" (Gisbert Greshake). In der wissenschaftlichen Theologie ist die „Trinität" wieder sehr wichtig geworden. Von Anfang an war die Trinität das Herzstück des Glaubens. Das Glaubensbekenntnis wurde anhand der Taufformel von Mt 28,19 gebildet, und der Kampf um den trinitarischen Gottesbegriff beschäftigte die ersten beiden ökumenischen Konzilien von Nizäa und Konstantinopel. Das Resultat war die Formel: „Eine göttliche Wesenheit in drei Hypostasen, sprich Personen" oder besser gesagt: das absolut eine Gottwesen ist in sich von Ewigkeit her differenziert. Immer schon war es die Überzeugung der Theologie, wie es der heilige Thomas treffend formuliert hatte: *„Fides christiana principaliter consistit in confessione sanctae Trinitatis.* – Der katholische Glaube besteht vor allem im Bekenntnis der heiligsten Dreifaltigkeit."[1]

Die Offenbarung zeigt uns, dass Gott schon vor der Erschaffung des Kosmos kein einsamer Gott war, sondern ein in sich erfülltes seliges Leben führte. Er ist von Ewigkeit her „die Liebe" (vgl. 1 Joh 4,8.16), weil er dreifaltig ist. Sonst könnte man übrigens den freien Schöpfungsakt nicht denken. Ein einsamer Gott steht immer zumindest im Verdacht, den Kosmos gleichsam „notwendig" schöpfen zu müssen. So hat Schiller gedichtet, Hegel hat es zitiert: „Freundlos war der große Weltenmeister / fühlte Mangel – darum schuf er Geister, / sel'ge Spiegel seiner Seligkeit."[2] Hegel meinte, dass Gott die Negation seiner Selbst, also das Endliche, brauche, um überhaupt er selbst zu sein. In der „Philosophie der Religion" formulierte er: „Das, was Gott erschafft, indem er die Welt bildet, ist er selbst."[3] Auch in der Gnosis, im Neuplatonismus und im östlichen Denken floss die göttliche Substanz gleichsam notwendigerweise aus sich heraus. Man stellte sich den ewigen Gott wie kochende Milch vor, die irgendwann einmal überlaufen musste vor lauter innerer Glut. *„Bonum diffusivum sui!"* – Das Gute fließt notwendigerweise über!, haben sie gesagt.

Der Glaube lehrt uns also, dass Gott vor dem Schöpfungsakt schon selig und glücklich war, und dass er die Welt nicht braucht. Der Grund dafür ist, dass Gott von Ewigkeit her nicht einsam ist, sondern es gibt in ihm eine innere Lebendigkeit, diese nennen wir: Dreifaltigkeit. Der eine Gott ist von Ewigkeit her in seinem Wesen dreifaltig. Ja, er ist ganz und gar eins, aber diese Einheit selbst lebt in sich. Wir bezeichnen das als die innere oder ewige Dreifaltigkeit, die „immanente Trinität". Die Lehre über diese innere Trinität ist uns heute sehr fremd geworden. Sie ist auch ein wenig abstrakt und kompliziert. Wir Zisterzienser hatten sogar das Privileg, am Dreifaltigkeitssonntag nicht predigen zu müssen. Trotzdem muss ich Ihnen dieses Komplizierte zumuten, denn wie Sie sehen werden, gibt es erstaunliche Analogien zwischen dem Inneren Gottes und der christlichen Ehe und Familie, sodass diese gleichsam als das „Außen des Inneren Gottes" erscheint.

Wie ist der dreifaltige Gott in sich? Im Inneren Gottes ist der Vater von Ewigkeit her die schenkende Liebe, das reine Verschenken! Es ist eine bedingungslose Liebe, mit der er sich hingibt. Die Theologie nennt diese Hingabe „Zeugung", denn aus ihr geht eine zweite göttliche Person hervor, der Sohn. Schon dies ist interessant, dass hier ein Begriff aus dem ehelichen Verhältnis von Mann und Frau genommen wurde. Der Sohn wird von Ewigkeit her aus dem Vater gezeugt, er ist nicht geschaffen, wie es der Häretiker Arius behauptete. Bitte aufpassen: Mit „Sohn" meinen wir hier noch nicht „Christus", denn Christus nennen wir den Sohn erst in dem Augenblick, in dem er Mensch wird und in die Geschichte eingeht. Vor der Menschwerdung ist der Sohn reine, ewig göttliche Person, wir nennen ihn auch Logos, Wort. Johannes beginnt sein Evangelium mit der Verkündigung der Menschwerdung. Er sagt: „Und das Wort, der Logos, ist Fleisch geworden" (Joh 1,14). Der innergöttliche Logos wird vom Vater gezeugt, er ist der Gezeugte. Auch dieser Ausdruck findet sich bei Johannes: *„monogenes"* (Joh 1,18). Also: Vater und Sohn haben eine Liebe, aber sie sind in der Form dieser Liebe völlig verschieden: Der Vater ist das reine Verschenken, der Sohn das reine Empfangen. Aber was empfängt der Sohn? Er empfängt vom Vater die verschenkende Liebe, sodass er im Empfangen sogleich wieder verschenkt. Der Sohn verschenkt sein Empfangen dem Vater, wir nennen das: er verdankt sich dem Vater.

Bis jetzt scheint es so zu sein, als würde das göttliche Wesen nur aus zwei Liebenden bestehen, aus Vater und Sohn. Wichtig ist es zu sehen, dass die göttlichen Personen radikal voneinander unterschieden sind. Man kann sagen, dass der Vater dadurch Vater ist, dass er nicht Sohn ist. Der Sohn ist dadurch Sohn, dass er nicht Vater ist. Der Vater ist Verschenken, der Sohn ist Empfangen. Der Vater ist Zeugung, der Sohn ist Gezeugtsein. Das ist ein entscheidender Punkt in der Lehre über die Dreifaltigkeit, die auf den heiligen Thomas zurückgeht. Das Konzil von Florenz hat diese Lehre 1442 dogmatisiert.[4] Sie besagt: Es gibt in der absoluten Einheit Gottes eine „Opposition", eine „Differenz".[5] Das stößt uns ziemlich vor den Kopf! Wie ist das möglich: Eine absolute Einheit und in dieser Einheit eine „Opposition" von Vater und Sohn?

Und hier kommt etwas ganz Entscheidendes, nämlich die Wahrheit des Geistes! Wir haben beim Begriff der Einheit die Vorstellung eines eingekochten Breies, in dem alles genau gleich ist. Wenn wir sagen, Gott ist „eins", dann denken wir vielleicht die Einheit nach der Art eines milchigen Yin-Yang-Nebels, in dem alle Konturen verschwimmen! Die Offenbarung lehrt aber das Gegenteil, dass nämlich in Gott die „Opposition", oder sagen wir den besseren Ausdruck: das *Gegenüber* eine Form der Einheit ist! Warum ist Gott nicht ein Einheitsbrei, sondern das Gegenüber von Vater und Sohn? Die Lösung lautet: Weil er die Liebe ist (1 Joh 4,8-16). Und Liebe gibt es nur, wenn es Gegenüber gibt. Wir können mit Balthasar sagen: „Nur Getrenntes kann sich lieben!" Vater und Sohn sind deshalb voneinander verschieden (in der Richtung, in der sie die Liebe vollziehen; die Griechen nannten das den *„tropos tes hyparxeos"*, die Lateiner *„relatio"*), damit sie völlig eins sein können in der Liebe. Und diese Einheit der Verschiedenen in absoluter Liebe trägt den Namen Heiliger Geist. Der Heilige Geist ist die Einheit der Verschiedenheit von Vater und Sohn in der Gestalt einer neuen göttlichen Person.

Wir fragen weiter: Wie ist das in Gott zu denken: Vater und Sohn und der Heilige Geist als deren Einheit als neue Person? Und eben hier drängt sich der Vergleich geradezu auf und springt in die Augen: der Vergleich des innergöttlichen Lebens mit der Beziehung zwischen Mann und Frau und Kind.

Ich muss dazu sagen: Es gab einige Kirchenväter, die in der Mann-Frau-Beziehung ein Abbild der Dreifaltigkeit gesehen haben, aber sie haben sich nicht wirklich durchgesetzt. „Schuld" daran ist der große heilige Augustinus, der lieber abstrakt denken wollte, und der ein viel komplizierteres Bild gefunden hatte, um die Dreifaltigkeit zu erklären, nämlich das abstrakte Bild der göttlichen Selbsterkenntnis. Weil Augustinus eben ein ganz großer Denker war, hat die Theologie sich an sein kompliziertes Modell gehalten, und die so genannte „Familienanalogie" setzte sich nicht durch. Übrigens war der große lateinische Kirchenlehrer, der 430 starb, der Erste, der über das innere Leben der Dreifaltigkeit spekuliert hatte. Als Erster schrieb er ein umfangreiches Werk über die ewige Dreifaltigkeit: *„De Trinitate Libri XV"*, also „Fünfzehn Kapitel über die Dreifaltigkeit". Schon seine Zeitgenossen meinten, dass er da um einiges zuviel über Gott spekuliert hatte, und so erfanden sie die bekannte liebenswürdige Legende: Augustinus ging in Gedanken versunken am Meeresstrand spazieren. Er dachte gerade über die innergöttlichen Hervorgänge nach. Da sah er ein Kind am Strand, das Wasser aus dem Meer in eine Grube schöpfte, beharrlich und unaufhörlich. „Was machst du denn da?", fragte er neugierig. „Ich schöpfe das Meer aus." – „Aber das ist doch unmöglich!" Da antwortete das Kind: „Es ist genauso unmöglich, das Meer auszuschöpfen, wie es unmöglich ist, das Geheimnis der Dreifaltigkeit zu ergründen." Mit diesen Worten war das Kind verschwunden. Vielleicht ist diese Legende nur *scheinbar* liebenswürdig, denn man könnte aus ihr auch eine scharfe Kritik heraushören, dass Augustinus allzu viel über das Innere Gottes wissen wollte!

Jedenfalls setzte sich Augustinus mit seiner komplexen Theorie der Dreifaltigkeit durch. Leider ist dadurch auch das einfachere Bild des Mann-Frau-Verhältnisses in Vergessenheit geraten. Erst sehr viel später entdeckte man langsam dieses Bild wieder, etwa im 19. Jahrhundert der große Matthias Joseph Scheeben, in unserer Zeit Kardinal Balthasar und im Mittelalter schon Richard von St. Viktor. Heute nimmt man auch die Stelle in der Genesis ernst, in der es heißt: „Gott schuf den Menschen nach seinem Bilde, als Mann und Frau schuf er sie!" Uns ist es jedenfalls eine Hilfe, den Heiligen Geist ein wenig zu verstehen: Mann und Frau sind verschieden, biologisch und psychisch. Warum? Ein Konstruktionsfehler des Schöpfers? Nein! Sie sind verschieden, weil sie auf Einheit hin angelegt sind. Die Verschiedenheit ist eine Chance, eine Gnade: sie ermöglicht Einigung, sie ermöglicht Liebe, sie erlaubt ein Einswerden in der gegenseitigen Hingabe. Ich meine hier nicht nur die leibliche Vereinigung, sondern die ganzmenschliche, die in einem Bund begründet ist. Der Bund ist eine geistige Größe, die zum ganzmenschlichen Zusammenwachsen der beiden führt. Jeder, der ein altes Ehepaar, das lange zusammengelebt hat, sieht, – weiß, was da gemeint ist. Und dieser Bund ist vergleichbar mit dem Heiligen Geist.

Zurück zu Gott, zu Vater und Sohn. Diese sind *deshalb* als Personen verschieden, um im Wesen ganz eins zu sein. Und der Heilige Geist? Der Glaube lehrt uns, dass der Heilige Geist aus dieser Einheit des Vaters und Sohnes als dritte Gottperson entsteigt. Der Geist geht aus dem Vater und dem Sohn hervor. Das geistige Einssein des Vaters und des Sohnes „realisiert" sich plötzlich in Gestalt eines Dritten.[6] Ebenso wie aus dem Zweierbund von Mann und Frau plötzlich ein Drittes entsteigt: das Kind. Jedes Kind bezeugt damit, dass die Eltern in der Liebe eins gewesen sind. Ebenso entsteigt der Geist als Zeuge und Bürge der Liebeseinheit zwischen Vater und Sohn. Ein Kind verbürgt durch sein bloßes Dasein, dass die Eltern in einem Akt der gegenseitigen Selbstentäußerung und des Selbstverschenkens in der Liebe eins gewesen sind. Jeder Mensch ist das Produkt zweier Liebenden, die sich in eine Einheit begeben haben, die aus sich heraus zu Neuem hin fruchtbar wurde. Hier ereignet sich nicht mehr und nicht weniger als das Abbild des innergöttlichen Lebens, etwas unendlich Heiliges und Wunderbares, das gerade aber auch wegen seiner Heiligkeit ein Augenblick höchster Gefährdung durch Manipulation und Egoismus sein kann. Unsere sinnlichen Symbole geraten immer in die Gefahr, pervertiert zu werden. „Mit einem Kuss verrätst Du den Menschensohn" (Lk 22,48).

Übrigens hat der Westen seit dem 8. Jahrhundert um dieses Hervorgehen des Geistes aus der *Einheit* des Vateres und Sohnes gekämpft. Der tragische Hintergrund war die beständige Rivalität zwischen dem Patriarchat von Konstantinopel, wo seit 330 auch die Kaiser residierten, und dem Papst in Rom. Die fatale Folge des Streites, zumindest wurde dies als Vorwand benutzt, war das große Schisma von 1054, als sich die Christenheit in Orthodoxie und Catholica spaltete. Bei diesem Streit ging es jedoch inhaltlich um die Frage nach der Art und Weise des Hervorganges des Geistes. Der Osten sagte, zumindest der fanatische Patriarch Photius im 9. Jahrhundert: Der Heilige Geist geht nur vom Vater allein aus. Der Westen entgegenete: Das ist unlogisch! Denn schon der Sohn geht allein vom Vater aus. Wenn auch der Geist nur vom Vater allein ausginge, dann wäre er ja dem Sohne gleich.

Obwohl der Westen von der Biologie des menschlichen

Zeugungsvorganges auch nicht mehr Ahnung hatte als der Osten, nämlich so gut wie keine (der Samen des Vaters galt mehr oder weniger als alleiniges Substrat, aus dem das Kind in der Mutter hervorging), fügte man das „Filioque" in das alte Symbolum von Nizäa und Konstantinopel ein: Der Heilige Geist *„qui a Patre Filioque procedit"*, „der vom Vater und vom Sohn ausgeht". Natürlich ist das richtiger und logischer: Der Geist ist ja die Einheit des Vaters und Sohnes. Beide sind eins in der Liebe, ihre verschenkende Liebe und empfangende Liebe bilden eine Einheit. Das Unionskonzil von Florenz hat dann 1439 definiert, dass Vater und Sohn ein einziges „Prinzip der Hauchung" bilden, aus dem der Geist hervorgeht. Anders ausgedrückt: die Geschiedenheit von Vater und Sohn ist dort fruchtbar, wo sie sich vereinigt.

Sie werden vielleicht fragen, was das mit Familie zu tun hat? Ich meine, sehr viel. Wenn der Geist die Einheit von Vater und Sohn in Gestalt einer neuen Person ist, dann fallen Vater und Sohn nicht zu einem Brei zusammen. Beide bleiben getrennt und selbständig in ihrer Person-Identität erhalten. Der Geist ist nicht der Mixer, der alles zu einem Einheits-Teig vermischt! Kardinal Ratzinger, Hans Urs von Balthasar, Heribert Mühlen und andere große Theologen haben den Heiligen Geist gerne das „Wir" in Person genannt, die „Wir-Person". Balthasar formulierte: Der Geist ist „Person *als* Gemeinschaft"[7]. Auf Familie angewendet: Zur göttlichen Form der Gemeinschaft gehört immer die bleibende Verschiedenheit. Das „Wir" besteht eben bleibend aus einem „Ich" und „Du".[8] Wenn Mann und Frau zueinander Ja sagen bis zum Tod, so geschieht das auch in einem geistigen Bund, im Geist der Einheit; aber beide hören damit nicht auf, ihre Eigenheiten zu haben. Sie beziehen diese jedoch ganz auf den anderen hin, sind ganz für den anderen da. Wir müssen also vom Heiligen Geist bekennen, dass er, gerade indem er die Einheit des Vaters und Sohnes ist, deren Verschiedenheit offen hält. Das ist die Dialektik des Heiligen Geistes, die ganz anders ist als die Dialektik eines Karl Marx, für den am Schluss nur der gesellschaftliche Einheitsbrei steht.

In Gottes Dreifaltigkeit ist das „Wir" des Geistes gerade nicht ein gleichmacherisches „Wir"! Ja, der Geist ist die Einheit von Vater und Sohn, aber nicht so, dass der Vater plötzlich zum Sohn und der Sohn zum Vater geworden wäre! Die Einheit ereignet sich auf einer ganz anderen Ebene, die die Unterschiede nicht nivelliert. Und so wirkt der Geist auch in der Kirche. Wenn es bei Paulus heißt, dass es nicht mehr „Juden und Griechen, nicht Sklaven und Freie, nicht Mann und Frau gibt" (Gal 3,28; Röm 10,12), dann heißt das ja nicht, dass jetzt die Männer aufhören müssen, männlich zu sein, alle Arbeitenden beginnen sollen, Manager zu sein oder ähnliches. Mit einer eigenartig unkatholischen Naivität hört man solche Anschauungen oft auch in der Kirche. Hier wird offensichtlich ein marxistischer Begriff von Synthese auf das Christentum angewandt, der mit dem Heiligen Geist nichts zu tun hat. Eine nivellierende Synthese ist nicht die Synthese des Heiligen Geistes, denn er ist alles andere als ein Gleichmacher! Er ist vielmehr ein Einiger, ein Verbindender, einer, der die Differenzen zur fruchtbaren Liebe macht, aber nicht ein gleichmacherischer Nebel der Utopie.[9]

Hans Urs von Balthasar drückte es so aus: „Der rechte Geist ist der, der die Diastase zugleich mit der Einigung bekennt."[10] Am Beispiel von Ehe und Familie: Wir glauben eben, dass Mann und Frau nicht zufällig oder irrtümlich eine je-eigene geschlechtliche Identität haben, für uns ist das Frausein in sich positiv und das Mannsein ebenso. Deshalb wird die eheliche Gemeinschaft nicht dann tief, wenn sich die Frau vermännlicht und der Mann verfraulicht, sondern beide ihr Mannsein oder Frausein annehmen und in ihre Liebesgemeinschaft einbringen, sodass eine Lebenseinheit entsteht. Freilich ist bei dem Beispiel anzumerken, dass es auch gesellschaftlich bedingt ist, was man gerade als spezifisch männlich oder weiblich ansieht, und dass es hier tatsächlich viele Ungerechtigkeiten zu Lasten der Frau gegeben hat. Nochmals: Von der Dreifaltigkeit lesen wir das rechte Verhältnis zwischen Einheit und Verschiedenheit ab, und zwar im Heiligen Geist: Der Geist nimmt die Verschiedenheit nicht weg, aber er wirkt in ihr die größere Einheit.

Die Familie ist also in geheimnisvoller Weise Abbild der dreifaltigen Liebe, einer Liebe, die die Distanz kennt, das Auseinander, deren Wesen aber das Miteinander ist. Hans Urs von Balthasar hat einmal die Dreifaltigkeit genannt: „Einheit als Füreinander"[11].

Die Familie als sakramentale Hauskirche

Wenn wir das Theologumenon der Familie als Abbild der Dreifaltigkeit aufgreifen, so stellt sich die Frage: Wie soll das konkret ausschauen? Wie realisiert sich diese „Einheit aus Verschiedenen im Füreinander" konkret? Wie wird denn Gott spürbar und sichtbar in der Familie gegenwärtig? Hierfür hat das nachkonziliare Lehramt vor allem den Begriff der „Hauskirche" favorisiert. Geprägt wurde er in der dogmatischen Konstitution über die Kirche „Lumen Gentium"[12]; eine synonyme Begrifflichkeit findet sich im Dekret über das Laienapostolat. Dort wird die Familie „häusliches Heiligtum der Kirche"[13] genannt. Papst Paul VI. sprach dann öfters von „Hauskirche", und schließlich wurde bei Papst Johannes Paul II. die „Hauskirche" zu einem zentralen Verkündigungsinhalt. In seinem „Brief an die Familien" von 1994 war der Begriff „Hauskirche" ein Leitbild und umschrieb das Ideal des Familieseins überhaupt.[14]

Doch beginnen wir die Betrachtung wieder ganz theoretisch: Das 2. Vatikanum lehrt, dass die ganze Kirche als solche in ihrer sinnenfälligen, hierarchischen, organisierten, gesellschaftlich fassbaren und institutionellen Form „sacramentum mundi" ist. So lautet eine Spitzenformulierung des 2. Vatikanums über die Kirche: Kirche soll „Sakrament, das heißt Zeichen und Werkzeug für die innigste Vereinigung mit Gott sowie für die Einheit der ganzen Menschheit"[15] sein. Die Kirche als „Sakrament" zu bezeichnen, erweckte auf dem 2. Vatikanum den Eindruck einer Neuerung. Das 2. Vatikanum war aber nur zur Praxis des ersten Jahrtausends zurückgekehrt: bis zum 12. Jahrhundert wurde überall dort, wo im Tun der Kirche sinnenfällig das Göttliche ausgedrückt und wirksam gemacht wurde, unterschiedslos der Begriff „sacramentum" verwendet. Erst nach dem Tridentinum erfolgte eine Einschränkung des „sacramentum"-Begriffes auf die sieben Haupt-Zeichen der Gnadenvermittlung der Kirche. Die Anwendung von „sacramentum" auf die Kirche durch das Konzil ist also theologiegeschichtlich gedeckt, und sie ist auch sinnvoll: Das Ursakrament ist ja Christus selbst, wie Hans Urs von Balthasar (1905-1988) schon in einem Aufsatz von 1960 herausgearbeitet hatte.[16] Das fleischgewordene Wort verwendet die Menschlichkeit, die menschlichen Gesten und Zeichen, um den göttlichen Logos sprechen zu lassen. Also: die Menschheit Christi ist das sichtbare Zeichen für die unsichtbare Wirklichkeit der Gottheit Christi. Die Gottheit Christi, der Logos, steht aber in Beziehung zum Vater und zum Geist. Christus ist gleichsam das trinitarische „Ursakrament": „dessen eigentlicher Spender ist Gott (der Vater), und die durch dieses Sakrament gespendete Heilsgnade ist Gottes Heiliger Geist."[17] Und eben dieses Prinzip, das die Theologie immer schon von Christus her erkannt hat, gilt auch für die Kirche. Sie ist äußere Gestalt und Erscheinung, um göttliches Heil, göttliche Gnade zu vermitteln. In der Weihnachtspräfation heißt es: *„ut per visibilia ad invisibilia rapiamur"*: Durch das Sichtbare sollen wir in das Unsichtbare hineingerissen werden.

Die Bezeichnung der Kirche als „*sacramentum mundi*"
müssen wir übrigens gewichtiger einstufen als dies derzeit in
der Theologie der Fall ist. Heute sieht man das Innovative der
Konzilslehre vor allem im Begriff des „Volkes Gottes", doch
dies ist nur ein Aspekt des Kircheseins. Wenn die Kirche selbst
„sacramentum" für die Heiligung der ganzen Welt ist, dann
ist dadurch all ihr Tun „sakramental". Was heißt das konkret? Ein Sakrament wird definiert als ein sichtbares Zeichen,
das eine unsichtbare Gnadenwirkung entfaltet. Diese Heils-
wirksamkeit gilt demnach in abgeschwächter Form für alles,
was in der Kirche im Hinblick auf Gott getan wird.

Aus diesem Tun der Kirche ragen die Sakramente, von
denen es sieben gibt, natürlich und selbstverständlich als die
wichtigsten Heilszeichen heraus. Wenn wir das ganze Tun der
Kirche „sakramental" nennen, dann sind die sieben eigentlichen Sakramente dadurch in ihrer Würde und Besonderheit
nicht beeinträchtigt, denn ihnen kommt das Privileg zu, von
Christus selbst eingesetzt und damit unabänderlich zu sein.
Vor allem aber wirkt durch sie die Gnade auf eine einzigartige
Weise: indem Christus hier als „primärer Spender" handelt,
unabhängig von der Würdigkeit des Amtsträgers, vermitteln
sie die Gnade auch in einer Weise, die dem unverbrüchlichen
Stiftungswillen Christi entspricht, nämlich „ex opere operato", durch die Setzung des Zeichens selbst. Deshalb spielt es
bei den sieben Sakramenten eine große Rolle, wer das Sakrament spendet und von wem es gespendet wird; bei einigen Sakramenten etwa ist die gültige Spendung an den geweihten
Amtsträger gebunden.

Eines dieser Sakramente ist die Ehe, in der sich zwei Getaufte zu einer von Christus geheiligten und zum Sakrament
erhobenen unauflösbaren Gemeinschaft miteinander verbinden. Von dieser Gemeinschaft, die in Kindern fruchtbar wird,
verlangt das kirchliche Lehramt, dass sie „Hauskirche" (*eccle-
siola* bzw. *ecclesia domestica*) sein soll. Wie wenig das in der

Realität funktioniert, ist uns allen bewusst. Die Hauskirche scheint ein Ideal zu sein, das nie und nimmer verwirklicht werden kann, die Gottferne ist zu groß, die religiöse Praxis zu dünn, die sittlichen Forderungen scheinen zu unerfüllbar und eine gelebte christlich-spirituelle Identität der Ehepartner ist kaum noch vorhanden.

„Hauskirche" ist eine Art Sehnsuchtsbegriff, welcher an die Gnadenwirklichkeit erinnern soll, die eine christliche Familiengemeinschaft nach katholischem Verständnis vom Sakrament her darstellt. Der Begriff der „Hauskirche" erinnert damit auch an die Diskrepanz, die zwischen der theologisch-idealen Auffassung des Sakraments der Ehe und der praktischen Verwirklichung desselben sichtbar wird. Anders gesagt: „Hauskirche" erinnert daran, dass die Ehe nicht nur ein „Sakrament" *ist*, sondern auch „sakramental" gelebt werden muss. „Hauskirche" ist der Appell: „Familie, werde was du bist!" Setze jene Wahrheit, die dir schon im Sakrament voraus und zugrunde liegt, in die Wahrhaftigkeit deines Ehe- und Familienlebens um!

Bisher war dies nur Theorie, jetzt aber stehen wir vor der Frage der Praxis. Die Forderung nach der gelebten Sakramentalität der Ehe ist eben eine Frage der Praxis! Und wie praktiziert man eine sakramentale Ehe? Von einem Sakrament gilt: „effecit, quod significat!" Ein Sakrament bewirkt, was es bezeichnet. Das Problem scheint mir in dem „significare" zu liegen, denn Ehe ist ja eine dauerhafte Verbindung, die sich in die Zeit hinein erstreckt: Durch welche Zeichen drückt sich die Liebe zwischen Mann und Frau sowie in ihrem Umfeld aus, um Gnade hervorzubringen?

Diese Frage ist von hoher Bedeutung für die Kirche. Denn überall dort, wo Familie gelebt wird, wirkt sich dies auf die Kirche insgesamt aus. Mit der Priesterweihe zusammen zielt die Ehe auf die Auferbauung des gemeinschaftlichen Ganzen hin. Ob unsere Ehen bloß mit kirchlichem Pomp begangene

Zeremonien oder ob sie in das Leben umgesetzte sakramentale Vollzüge sind, entscheidet über Wohl und Wehe der Kirche! Wenn die Kirche – sakramental – von den Familien her auferbaut wird, dann ist es für die Kirche eine Frage ihres eigenen Überlebens, dass die Familien ihre Sakramentalität leben, eben „Hauskirche" sind.

Wie also kann in der Familie das Göttliche und Gnadenhafte ausgedrückt werden, das ihr im Sakrament der Ehe zugrunde liegt? – Ich möchte hier an den „Kosmos" der kirchlichen Sakramentalien erinnern, an jene Fülle der heilschaffenden Riten und Zeichen, die die Kirche anbietet.

Da ist einmal die Feier der Sakramente, das normale sakramentale Leben der Kirche, beginnend mit der sonntäglichen Eucharistiefeier, an der die gemeinsam teilnehmende Familie in besonderer Weise partizipiert, bis hin zur regelmäßigen Beichte, zu der die Familienmitglieder, vor allem die Ehegatten, sich gegenseitig animieren können.

Das Familiengebet ist ein wichtiges „sakramentales Tun". *„A family that prays together stays together"*, habe ich eingangs bereits Mutter Teresa zitiert. Schon das gemeinsame Sich-zusammen-Setzen, etwa am Abend bei den Kindern am Bett, ist ein sinnenfälliges Zeichen, das eine Atmosphäre schafft und ein Gefühl vermittelt, in dem die Herzen der Kinder und Eltern zum Schwingen kommen. Das Christentum ist ja keine Religion der kalten Intellektualität. Gerade das Sinnenfällige in der Kirche ist oft der erste Anziehungspunkt zum Glauben hin: meist findet jemand zuerst Spaß am Ministrieren, am Zusammensitzen beim duftenden Adventskranz oder ähnlichem, dann erst entwickelt sich bewusster intellektueller Glaube. Gefühle schaffen Bindungen, Räume der Lebensgeborgenheit. Dazu helfen uns eben die sinnenfälligen sakramentalen Handlungen.

Sakramentale Vollzüge der Familie sind des weiteren die häusliche Mitfeier des Kirchenjahres und das häusliche

Brauchtum, das schleunigst wiederentdeckt und in seinem religiösen Kern wiederbelebt werden muss. Es sollte eine Parallele entstehen zwischen dem Leben in der Familie und dem Leben im Gesamt der Kirche. Fasttage sollen Fasttage und Sonntage sollen Sonntage sein.

Sakramentales Tun ist aber auch die konkrete Katechese der Eltern gegenüber ihren Kindern und das gemeinsame Lesen der Heiligen Schrift. Ritus ist hier überall gut. Es ist gut, wenn das Tischgebet zu einem fixen Ritus geworden ist, der ruhig auch immer gleich und unverändert abläuft. Man traut sich dann eher, und die Moraltheologie spricht von der „guten Gewohnheit", die einem eine gewisse religiöse Sicherheit gibt. Man muss das gemeinsame Beten und das gemeinsame Setzen religiöser Zeichen nicht immer neu entwerfen. Man muss seiner Ehefrau zum Hochzeitstag nicht immer etwas anderes schenken, man muss den Muttertag nicht immer anders feiern. Die heutige Ethologie weist uns darauf hin, wie wichtig das geprägte Brauchtum für Lebenssicherheit und charakterliche Verwurzelung ist. Um dies praktisch umzusetzen ist zu bedenken, wie man den Familien hilft, denn wir leben mittlerweile zusehends in einem sakramentalen Vakuum. Ich möchte hier möglichst praktische Hilfsmittel empfehlen.

Aktuell bedeutend ist, dass die sakramentalen Vollzüge in der Familie „priesterlicher" Art sind. Ihre Wurzel ist natürlich nicht das Weihe- oder Dienstpriestertum, sondern das allgemeine Priestertum, das von Ehemann und Ehefrau, von Vater und Mutter, relational, also in Beziehung aufeinander, verwirklicht wird. Eine Mutter, die ihre Kinder bekreuzigt, ihnen die Hände zum Gebet faltet oder aus der Kinderbibel vorliest, handelt priesterlich und im eigentlichen Sinne sakramental. Sie steht darin in diesem vollzogenen allgemeinen priesterlichen Tun sogar höher als der geweihte Priester, der die Sakramente ja nur deshalb als Repräsentant Christi ausspendet, um dieses allgemeine Gnadenleben unter den Gläubigen anzufeuern und zu bestärken. Wenn diese „Weihe" der Getauften und Gefirmten ernster genommen, sie zu einem echten sakramentalen Tun befähigen und sogar verpflichten würde, dann könnten wir uns das Gerangel um das Weihepriestertum ersparen, das ja einem soziologischen Fehlverständnis der Kirche entspringt.

Und vergessen wir auch nicht die sakramentalen Gegenstände: den Weihwasserkessel am Hauseingang und das Crucifix im Herrgottwinkel. Heute ist ja die Rückeroberung der sakramentalen Zeichen auch aus einem anderen Grunde wichtig. Denn während wir uns in der Kirche vielfach so distanziert und belächelnd-erhaben gegenüber unseren eigenen uralten religiösen Riten und Symbolen gebärden, arbeiten Magie und Aberglaube sehr effektiv mit ihren Symbolen, Zeichen, Riten und Ritualien. Wenn das katholische Ritual vergessen wird, macht sich sehr schnell der abergläubische Kult breit. Es muss hier auch daran erinnert werden, dass die Kirche ja einst viele Sakramentalien erfunden hatte, um dem Heidentum „den Wind aus den Segeln zu nehmen". (Die Kirche hat nämlich das Recht, Sakramentalien zu erfinden und einzusetzen!). So hatte man etwa mit Kreuz- und Schutzengel-Anhängern die Amulette und Talismane verdrängt und durch eine sinnenfällige Heiligenverehrung den Kult heidnischer Götzen unterlaufen. Tatsache ist: Wo das Christliche weggelassen wird, da prangen schon bald wieder die Symbole des Heidentums, die Zeichen des Tierkreises oder anderer Götzen.

Ich komme jetzt zum dritten und letzten Punkt, der den vorigen Punkt fortsetzt: die Rückeroberung des religiösen Bildes und Symbols. Wieder möchte ich alles vom inneren Dogma her begründen, in der festen Überzeugung, dass die Rückeroberung sinnenfälliger religiöser Zeichen, Bilder und Symbole ein wichtiger Schritt ist, wie Gott in unseren Familien wieder mehr gegenwärtig werden kann.

Die göttlichen sakramentalen Zeichen inmitten der Familie

Eine der schwersten Krisen, welche die Christenheit im Osten zu bestehen hatte, war der Ikonoklasmus, die Bilderfeindlichkeit. Durch Jahrhunderte wütete, teils unterstützt durch die byzantinischen Kaiser, ein oft blutiger Kampf gegen die Darstellung Christi und der Heiligen in Bildern und Statuen. Dabei ging es nicht um ein Problem der Ästhetik oder des Geschmackes, sondern um ein zutiefst christologisches Problem, nämlich um die Frage, wie die Inkarnation zu begreifen sei. Schon im 4. Jahrhundert meinte „Epiphanios von Salamis († 403)[18], der dann im 7./8. Jahrhundert zum Ahnherrn des Ikonoklasmus wurde, dass Christus auch in seiner Menschwerdung „unfasslich" bleibe, dass das Göttliche sich nicht körperlich und deshalb materiell und irdisch ausdrücke. Epiphanios schloss mit einem rigorosen Fluch: „Wenn jemand geflissentlich erwägt, das göttliche Wesen des Logos nach der Fleischwerdung in materiellen Farben zu betrachten ..., der sei verflucht!"

Eine gefährliche Irrlehre – es dauerte Jahrhunderte, bis sie überwunden war. Ein Blick auf das große 2. Konzil von Nizäa im Jahre 787 tut hier gut. Damals hatte die rechtgläubige Kaiserin Irene († 803) den katholischen Glauben gerettet; sie war die Witwe des fanatischen ikonoklastischen Kaisers Leon IV. Kaiserin Irene forderte ausdrücklich die Bilderverehrung, und ihrem Wunsch entsprechend hatten sich die Bischöfe endlich getraut, im katholischen Sinn zu entscheiden. Das Konzil von 787 stellte folgende Lehrsätze auf: „Wir nehmen die ehrwürdigen Bilder an; wir unterwerfen die, die es nicht so halten, dem Anathema... Wer nicht bekennt, dass Christus, unser Gott, seiner Menschheit nach umgrenzt ist, der sei mit dem Anathema belegt... Wer die Auslegung der Evangelien mit Hilfe von Bildern nicht zulässt, der sei mit dem Anathema belegt... Wer diese Bilder, die den Namen des Herrn und seiner Heiligen tragen, nicht grüßt, der sei mit dem Anathema belegt."[19]

Warum ist für uns Christen Bilderverehrung erlaubt, ja gefordert? Antwort: Aufgrund der Wahrheit der Inkarnation, der wahren Menschwerdung des Logos, wodurch Menschheit und Gottheit in einer Hypostase bzw. Person untrennbar und unvermischt verbunden sind entsprechend der Lehre des großen Konzils von Chalcedon[20] im Jahre 451. Weil die zweite göttliche Person wirklich Mensch geworden ist, deshalb kann Göttliches im Endlichen wirklich dargestellt werden. Freilich ist exakt zu unterscheiden zwischen „Verehrung" (dulia) und „Anbetung" (latreia, latria). Anbetung kommt immer nur der unvermittelten Gottheit zu, also etwa der Eucharistie, während die Heiligen, Bilder, Statuen und Symbole unseres Glaubens bloß „verehrt" werden dürfen. Dies bedeutet, dass die Verehrung den Abbildungen selbst gelten kann, da in ihnen das Urbild gestalthaft und umgrenzt ausgedrückt, jedoch nicht direkt gegenwärtig ist.

Der Sinn der Ikonen und Bilder liegt also letztlich nicht in ihnen selbst, sondern in ihrem Verweischarakter. „Wer die Bilder verehrt, verehrt den, der in ihnen dargestellt wird." Ausdrücklich heißt es: „Die Ehre, die man dem Bild erweist, geht auf das Urbild über, und wer ein Bild verehrt, verehrt die darin dargestellte Hypostase."

Das war eine dogmatische Entscheidung des 1. Jahrtausends, die auf das praktische Leben der Christenheit große Auswirkungen hat, denn wir sind eben eine Religion der Bilder. Ikonoklastische Tendenzen gab es immer wieder in der Geschichte der Kirche. Ich erinnere hier auch an die Zisterzienser, die – freilich allein aus asketischen und monastischen Gründen – jeden figürlichen und bildhaften Schmuck ihrer Kirchen kategorisch ablehnten. Problematischer wurde es aber schon in Zweigen der Reformation, in der man aus Aversion gegen die Heiligenverehrung die Kirchen ausräumte.

Ohne Zweifel leben wir in der katholischen Kirche zur Zeit ebenfalls in einer ikonoklastischen Phase, auch wenn diese langsam zu Ende zu gehen scheint. Es gibt manche Kirchenbauten aus den 70er-Jahren, die mit ihrer betonfarbigen Nüchternheit geradezu Zeugen dieses Ikonoklasmus sind. Vielfach war es wirklich offene Feindschaft gegen das Bild, vielfach aber auch Ablehnung des Kultbildes. Eine anthropozentrisch gewendete Theologie konnte mit dem Ausdruckfinden des Göttlichen in Bild und Statue nichts oder wenig anfangen. Eine Theologie, die kritisch geworden war, konnte auch keine „erhebenden" Andachtsbilder mehr schaffen, sondern nur kritische und problematisierende Darstellungen. Die alten Fugel-Bilder[21], durch welche noch Generationen aus Schulbüchern oder Katechese die biblische Geschichte gelernt hatten, waren plötzlich verpönt und verdammt. Die Bücher strotzten plötzlich von abstrakten und unanschaulichen Bildern, oft sogar von bewusst inszenierter Hässlichkeit. Die Parole „Kampf dem Kitsch" war häufig nur ein Vorwand für ein viel tieferes Misstrauen gegen eine Frömmigkeit, die sich an schönen und realistischen Darstellungen erbauen mochte.

Die Phase in der religiösen Kunst, die nicht mehr „erbauen" sollte, sondern nur noch „problematisieren", scheint langsam überwunden zu sein. Es ist sicher auch nicht nur die Schuld der Theologen, sondern des gesamten gesellschaftlichen Umfeldes, dass es eine Dekadenz der christlichen Kunst gibt, und vor allem eine Absenz des christlichen Kultsymboles in unseren Familien. An die Stelle des Crucifixes im Herrgottswinkel, der das Zentrum des Familientisches und des Familiengebetes war, sind meistens niedliche Irgendetwas-Darstellungen getreten, oder, was gar nicht so niedlich ist, reitende Hexenpuppen! Über dem Ehebett eines christlichen Ehepaares war früher selbstverständlich ein Bild der Heiligen Familie, ein Bild der Gottesmutter oder ein Bild des durch die Ährenfelder wandelnden Heilandes aufgehängt. Heute findet

man dort meist irgendwelche „Kunstwerke" erotisierender
Art. Dass auch im Schlafzimmer ein religiöses christliches
Symbol hängen sollte, ist leider auch vielen praktizierenden
Ehepaaren nicht mehr bewusst, ja wird manchmal als peinlich
empfunden. Dabei ist gleich daran zu erinnern, dass die ehelichen Akte ein Abbild des göttlich-trinitarischen Tuns sind,
und, wie gesagt, eine Mitwirkung am göttlichen Schöpfer-
und Erlösertum. Anders gesagt: sie sind in höchstem Maße
„keusch", da sie der Ordnung der Liebe Gottes nicht nur entsprechen, sondern diese auch ausdrücken und in die Welt hinein fortsetzen.

Das Konzil von Nizäa hat nicht nur der Offenbarung
Gottes durch seine Inkarnation Rechnung getragen, wenn es
die Verehrung der Bilder erlaubte, sondern es hat auch die
Wahrheit des *Menschen* getroffen. „Caro cardo salutis", das
Fleischliche ist der Angelpunkt des Heiles. Mit diesem Merk-
ruf haben die Väter die Anmaßung der Gnosis zurückgewiesen, wonach das Sinnliche und Materielle böse und verderbt
sei. Durch die Menschwerdung Gottes ist eben dieses Sinnliche zum Drehpunkt für unser Heil geworden. Daher fördern
wir bitte alles, das den Glauben bildhaft und in einer ästhe-
tisch verantwortbaren Weise sichtbar macht; fördern wir eine
Atmosphäre, die unsere Häuser nicht profaniert, sondern sie
zu „Heiligtümern", „Sakrarien", zu „Hauskirchen" auch im
künstlerischen Sinne macht.

Gottes Gegenwart konkret werden lassen

Eine Familie besteht aus konkreten Menschen, ein konkreter
Mann verliebt sich in eine konkrete Frau. Die Liebe, diese un-
gegenständliche Sinnesmacht, vermittelt sich immer durch die
Sinne. In Abwandlung des heiligen Thomas von Aquin kann
man hier sagen: „Nihil est in corde, quod non antea fuerat in
sensibus!" Jedenfalls: Die beiden Liebenden fassen einen kon-

kreten Entschluss und setzen dann konkrete Akte um zu heiraten. Die Feier der Hochzeit ist ein punktuelles, sehr konkretes Tun, das Gnade vermittelt und einen unlösbaren Bund knüpft; unter Christen ist es ein Sakrament. Dieses Sakrament entfaltet sich nun wieder in konkreten Akten in die Geschichte hinein: Hingabeliebe, deren höchste Erfüllung die Zeugung und die geistliche Sorge für die Nachkommenschaft ist. Alles ist immer konkretes Tun; Familie ist kein Abstraktum, sondern immer das Miteinander konkreter Menschen.

Wo ist Gott im Herzen einer solchen Familie? Für die Religion, die bekennt, dass der unsichtbare Gott konkret in Jesus Christus Mensch geworden ist und durch die Zeit hin in seiner Kirche wirkmächtig fortlebt, muss es eigentlich klar sein, dass sie der Familie helfen muss, Gott konkret zu erfahren und ihm konkret zu begegnen. Die Kirche hat dazu nicht nur die sieben Sakramente, sondern einen ganzen Kosmos von Sakramentalien. Jeder konkrete Vollzug auf Gott hin, ist schon getragen und gestützt von der ganzen Kirche. Damit Gott im Herzen unserer Familien gegenwärtiger wird, meine ich, sollten wir alle Zeichen, Bilder, Statuen, Riten, Bräuche, Zeitabläufe, Schriften und Sakramentalien fördern, die die Gnade Gottes in unseren Familien anschaulicher und erfahrbarer machen.

7. Kapitel

Wie kann ich das Unheilige an der Kirche ertragen?

Leiden an der Kirche

Viele „leiden an der Kirche", und wir wollen versuchen, dieses „Leiden" spirituell aufzuarbeiten. Es geht um die Stärkung unserer geistlichen Haltung gegenüber und in der Kirche, gerade angesichts der vielfach beschworenen Kirchenkrise. Dazu sind natürlich einige theologische Vorbemerkungen notwendig, denn die Kirche, an der heute so viele „leiden", ist selbst Gegenstand des Glaubens. Mit Selbstverständlichkeit bekennen sich die Gläubigen jedes Mal, wenn sie das apostolische Glaubensbekenntnis sprechen, zu dieser heiligen katholischen Kirche.

Nun ist dieses apostolische Glaubensbekenntnis als ein Bekenntnis zu dem dreifaltigen Gott in drei Stufen aufgebaut. Nachdem wir unseren Glauben an den Vater und den Sohn bekannt haben, sprechen wir die Worte: „Ich glaube an den Heiligen Geist, *die heilige katholische Kirche, Gemeinschaft der Heiligen, Vergebung der Sünden, Auferstehung der Toten und an das ewige Leben.*" Man könnte meinen, dass es sich hier um eine lose Auflistung von Glaubensartikeln handelt: Heiliger Geist, Sündenvergebung, ewiges Leben... So als wollte man am Schluss dieser alten Bekenntnisformel *nach* dem Heiligen Geist schnell noch – bunt gemischt und lose durcheinander gewürfelt – ein paar Glaubenswahrheiten unterbringen.

Doch dem ist nicht so! Wie Henri de Lubac und andere nachgewiesen haben, geht es in diesem letzten Teil des Credos nicht um eine beliebige Auflistung, sondern zentral um Gott den Heiligen Geist.[1] Im Credo bekennen wir uns zunächst zu *Gott dem Vater* und zu seinem Werk: das ist die Schöpfung des Himmels und der Erde. Dann bekennen wir uns zu *Gott dem Sohn* und zu seinem Werk: Sein Werk ist unsere Erlösung durch sein Leiden, Sterben und Auferstehen in Menschengestalt. Und schließlich kommt dann das Bekenntnis zu *Gott dem Heiligen Geist.* Und alles, was nachfolgt, ist *als Werk und Wirken des Heiligen Geistes* zu verstehen: die heilige katholische Kirche, die Gemeinschaft der Heiligen, die Vergebung der Sünden, die Auferstehung der Toten und das ewige Leben!

Diese Vorbemerkung ist deshalb von Bedeutung, da es in diesen Ausführungen um die Kirche gehen soll, die heute bei so vielen Anlass zum Ärgernis gibt. Über diese Kirche können wir als Katholiken *nur angemessen sprechen,* wenn wir sie annehmen als: *das erste, das vorrangige und schönste Werk des Heiligen Geistes,* wie es der Glaube seit apostolischen Zeiten über sie bekennt. „Ich glaube an den Heiligen Geist, die heilige katholische Kirche…"

Dies ist nur eine Vorbemerkung, denn, wie schon Karl Rahner gesagt hat: die *Theorie* von der Heiligkeit der Kirche macht uns keine Probleme. Schwierig wird das Bekenntnis zur Kirche dort, wo es um die *konkrete* Kirche geht: die Kirche in meiner Pfarrgemeinde, in meiner Diözese oder in meinem Heimatland.[2] Abstrakte Wahrheiten zu bekennen ist leicht; man kann dies theatralisch und pathetisch tun, jedoch bleiben es Lippenbekenntnisse. Wenn aber die abstrakte Heiligkeit der Kirche etwa *die konkrete Gestalt* eines missliebigen Pfarrers, eines querulierenden Pfarrgemeinderates oder gar eines entmutigten Episkopates annimmt, dann beginnen die „geistlichen" Schwierigkeiten. Viele leiden heute an dieser konkreten Kirche, weil sie vieles an ihr unerträglich finden.

Nun gibt es *zwei Formen,* wie die Kirche zur Ursache des

Ärgernisses und des Leidens wird: eine falsche und eine richtige, eine verkehrte und eine rechte, weil durchaus katholische Art. Bei der *ersten Form* handelt es sich eigentlich nicht um ein „geistliches" Problem, sondern um Unverständnis und Ablehnung, mit denen die Fernen der Kirche begegnen. Wir kennen diese Einstellung: Leute, die keine oder wenig innere Beziehung zur Kirche haben, die das Evangelium nicht kennen und die Sakramente nicht achten, klagen laut über die Kirche und geben vor, unter ihrer Sturheit und Unnachgiebigkeit zu leiden. In Wirklichkeit ist es hier nicht die Fehlerhaftigkeit der Kirche, an der sie leiden, sondern die Wahrheit Gottes, die sie nicht erkennen können oder bewusst ablehnen. Dies ist keine authentische Form des Leidens an der Kirche, deshalb auch nicht das Thema dieser Ausführungen. Dazu werde ich nur kurz Stellung nehmen.

Aus „geistlicher" Perspektive ist es die *zweite Art,* wie einem die Kirche „unerträglich" werden kann. Es gibt nämlich gleichsam programmatisch ein Leiden der treuen und wohlmeinenden Katholiken an ihrer Kirche. Der Grund dafür liegt in einem seltsam doppelgesichtigen Charakter der Catholica. Die heilige Kirche umfasst nämlich – nach dem Wort des Konzils – „Sünder in ihrem eigenen Schoß"[3]. Zugleich ist sie – wieder nach einem Wort des 2. Vatikanums – „unzerstörbar heilig"[4]. *Die heilige Kirche ist also immer zugleich eine unheilige Kirche.* Unter diesem Unheiligen an der Kirche leiden heute viele willige Katholiken, – leiden oft bis an die Grenze der Verzweiflung.

Da sich unter den Gutgesinnten Ärger und Frustration breitmachen, die in Aggression oder Resignation umschlagen können, möchte ich im zweiten Teil dieser Ausführungen einige Ratschläge geben, wie wir die sündhafte Seite unserer heiligen Mutter Kirche in rechter und geistlicher Weise ertragen können. Zunächst aber möchte ich die beiden Arten skizzieren, durch die die Kirche zum Ärgernis werden kann.

Das Ärgernis der Heiligkeit der Kirche

Die erste Form, wie die Kirche heute für viele „unerträglich"
wird, ist *das Ärgernis ihrer unzerstörbaren Heiligkeit.* Jene,
die der Kirche und dem Glauben fern sind bzw. jene, die, wie
es das Konzil formulierte, „dem Herzen nach nicht mehr" zur
Kirche gehören,[5] nehmen Anstoß an der unerschütterlichen
Treue, mit der die Kirche zu Christus steht. Ihr voran die
Päpste der Neuzeit und die in ihrer überwiegenden Mehrzahl
mit dem Petrusamt fest verbundenen Bischöfe. Die Unver-
brüchlichkeit, mit der das Evangelium in einer Zeit geschützt
wird, in der es eher „ungelegen" ist (vgl. 2 Tim 4,2), erregt
Unverständnis und Ärgernis, ja Ablehnung und Feindschaft.
Dies ist weder neu noch sonderlich erstaunlich, denn es gehört
zum Programm Christi, dass der „Herrscher der Welt" (Joh
14,30) gegen die „Kinder des Lichtes" (Joh 12,36) rebelliert
und intrigiert.

Ein Blick in die Geschichte ist immer trostreich, denn er
zeigt die Kontinuität des Widerspruches, dem die Kirche aus-
gesetzt ist. Hier sei deshalb an die rationalistischen Aufklärer
des 18. Jahrhunderts erinnert. Für sie war ein Christentum,
das auf Transzendenz und Gnade, auf Gebet und Gottesdienst
bedacht war, ein unerträgliches Ärgernis. Kaum war in Joseph II. ein Aufklärer auf dem Kaiserthron, wurden das klösterliche Chorgebet, das reiche Wallfahrtsbrauchtum und das
Bruderschaftswesen verboten sowie die beschaulichen Klöster
und Orden aufgehoben. Dass es damals – wie zu allen Zeiten
– auch *in der Kirche* Menschen gab, die in vollen Zügen den
Zeitgeist einatmeten, liegt auf der Hand. So wirkte dann der
aufklärerische Josephinismus *in der Kirche* noch lange weiter, als er *außerhalb der Kirche* gesellschaftlich schon längst
überwunden war. Jahrzehnte nach Joseph II. musste in Wien
der heilige *Pater Clemens-Maria Hofbauer* den größten Wi-
derstand und die stärkste Verfolgung gerade durch aufge-

klärte priesterliche Amtsbrüder ertragen, während das Kaiserhaus und die Wiener Gesellschaft seine frommen Bemühungen bereits durchaus unterstützten. Innerkirchlicher Progressismus ist nicht selten Ausdruck eines zeitgeistigen Traditionalismus.

Zurück in die *Gegenwart*. Heute sind neue theoretische und praktische Hemmnisse hinzugekommen: in den Herzen der Menschen gibt es zwar ein mystisches Bedürfnis nach Übersinnlichem und Jenseitigem, aber dieses wird ganz nach den Gesetzen des *Konsumismus* befriedigt. Die geistige Landschaft ähnelt heute einer riesigen Messe-Ausstellung religiöser Fantasien. Es gibt ja tatsächlich schon gut etablierte und gut frequentierte Esoterik-Messen. Das heißt: Jeder kann sich aus dem Supermarkt des Religiösen aussuchen, was ihm gefällt und sich nach seiner Façon seine eigene Religion konstruieren: ein bisschen Reinkarnation, ein bisschen Ökologie, ein bisschen Meditation zur Selbstberuhigung, dazu ein Schuss Parapsychologie, vielleicht auch noch ein bisschen Jesus und Bibel, aber nur solange es ins selbstkonstruierte Konzept passt.

Papst Johannes Paul II. hat in seiner Enzyklika „Veritatis Splendor" die theoretische Wurzel dieser „postmodernen" Haltung aufgezeigt: Der Mensch möchte eine objektive Wahrheit *von Gott her* nicht mehr gelten lassen. Die Folge ist, dass es eben keine große, letzte und ewige *Wahrheit* mehr gibt, sondern nur noch viele kleine, subjektive und private *„Meinungen"*. Das ist die *Ideologie des relativistischen Subjektivismus,* die sich heute bereits dogmatistisch absolut setzt. Weil es eine in der Endgültigkeit Gottes abgesicherte Wahrheit *einfach nicht geben darf,* bäumt sich die derart ideologisierte Gesellschaft empört auf, wenn etwa der Papst oder andere Hirten den Begriff einer solchen letzten und absoluten Wahrheit ins Spiel bringen.

Es scheint, dass die Kirche in dieser Situation mehr denn

je zuvor durch ihre Verkündigung der Offenbarung Gottes in Jesus Christus zu einer unerträglichen Provokation werden muss. Denn sie verkündigt eben *nicht Menschenweisheit, sondern Gottesweisheit.* Die selbst erfundene religiöse oder esoterische „Weisheit der Welt" ist – frei nach Paulus – „Torheit vor Gott" (1 Kor 3,19). Die Kirche hat nicht ein Gemisch von Selbsterfundenem zu verkünden, sondern den, der von sich gesagt hat, dass er „der Weg und die Wahrheit und das Leben" ist (Joh 14,6). Eine Kirche, die unbeirrt das tut, wozu sie von Christus gesandt wurde, nämlich *ihn selbst* als diese letzte Wahrheit zu bezeugen, wie dies übrigens auch auf dem Konzil deutlich geschehen ist,[6] muss ganz einfach *programmatisch und logisch* dieser Welt zum Ärgernis werden. Sie war es von jenen Tagen an, als man den Stephanus steinigte, als Kaiser Nero Christen in pechgetränkten Tierhäuten als Fackeln anzünden ließ, und sie wird es zweifellos immer sein. Wenngleich es in unserer westlichen Welt eine Christenverfolgung mit physischer Brutalität derzeit nicht (mehr) gibt, ist die Kirche hier doch zunehmend konfrontiert mit vielfältigen Formen der Aggressivität gegen sie und das Christliche insgesamt.

Doch Gegenwind darf niemals verunsichern. Im Gegenteil, er sollte uns bestärken, da Jesus doch die selig preist, die um seines Namens willen verfolgt werden: „Freut euch und jubelt: Euer Lohn im Himmel wird groß sein" (Mt 5,12). Anfeindungen gegen die Christen sind *nicht eine geschichtliche Ausnahme, sondern der von Christus vorgesehene programmatische Normalfall!* Er möchte uns zugleich damit sagen: Es ist alles in Ordnung, ihr seid auf *meinem* Kurs! Denn er sagt ja: „Wenn sie mich verfolgt haben, werden sie auch euch verfolgen" (Joh 15,20).

Nochmals: Wir sollten eigentlich zufrieden sein, dass die Welt den Treuen soviel negative Aufmerksamkeit widmet, denn es zeigt, dass ein dem Evangelium gemäßes Christentum

durchaus ein mahnendes Menetekel für eine Gesellschaft ist,
die in besinnungslosen Orgien *ihren eigenen Totentanz* zele-
briert.

Wir können deshalb weitergehen zu dem Punkt, an dem
heute das vielleicht größte spirituelle Problem für jene Menschen beginnt, die lebendige Glieder der heiligen Kirche sein
wollen. Dies geschieht, wenn sie mit Christen konfrontiert
sind, die vorgeben, in der Gemeinschaft mit der Kirche zu stehen und doch in offenkundiger Weise gegen diese Glaubens-
gemeinschaft handeln. Es soll jetzt um diese zweite und
schmerzhafteste Form des Ärgernisses gehen: das Ärgernis der
Wohlmeinenden an der so unheiligen Situation der Kirche.

Das Ärgernis der Unheiligkeit der Kirche

Die Kirche war zu allen Zeiten eine Kirche der Sünder. Die
Kirchenväter haben sie gerne, wie eine Studie des großen
Hans Urs von Balthasar nachweist, als *„casta meretrix"* beschrieben, als eine „keusche Dirne"[7]. Mit dieser paradoxen
Ausdrucksweise wollten sie sagen, dass die Kirche beides ist:
sowohl Kirche der Heiligen *als auch* Kirche der Sünder, wie es
auch im neuen Weltkatechismus steht.[8] Jedoch gibt es nicht
nur ein Aufbäumen der Fernen gegen die Heiligkeit der Kirche, sondern auch ein echtes Leiden[9] der gutmeinenden Christen an ihrer Sündhaftigkeit und Mittelmäßigkeit. Es gibt
keinen Heiligen, der nicht an den moralischen Übeln und der
apostolischen Mittelmäßigkeit der Kirche gelitten hätte.

Doch heute kommt eine Verschärfung hinzu, denn wir
leben in einer selten schwierigen Situation. Heute ist denjenigen, die mit Herz und Seele auf dem Boden der römisch-katholischen Kirche stehen wollen, vieles unverständlich und
schmerzhaft geworden. 1971 hat die Schriftstellerin Ida Frie-
derike Görres folgende Worte gefunden, um den Zustand der
Kirche auszudrücken:

„Jetzt freilich stecken wir im finsteren Tal. *Das Konzil ist vielfach karikiert und wie entmachtet.* Wir sehen (übrigens wie im Korintherbrief) wenig Gläubige, mit denen sich Staat machen und anderen imponieren lässt. Wir blamieren uns rundherum, so gut wir können. Unsere alten Orden scheinen zu verlöschen wie verschwelende Dochte. Wir leben in einem seltsamen Übergangsland ohne eigene neue Sprache, mehr Gemenge als Gestalt, das Unterste kehrt sich zuoberst, was bekanntlich Nausea, Seekrankheit, Schwindel und Ekel zur Folge hat. *Der Abfall ist groß, die innere Vergiftung größer.* Doch nach der Apokalypse stehen noch weit unangenehmere Dinge aus…"[10]

Um beim Bild zu bleiben: Das Schiff der Kirche ist offenkundig ins Schlingern geraten: außen Sturm und innen Frustration, Lustlosigkeit und Übelkeit. Der Hauptgrund der Übelkeit, die gerade die Guten leicht befällt, liegt in der *Vergiftung des kirchlichen Lebens selbst.* Vieles, was in der Kirche läuft und laufengelassen wird, bereitet Verständnislosigkeit, Sorgen, Ärgernis und Schmerzen.

Bei vielen ist das Leiden an der Unheiligkeit der Kirche und ihrer Glieder zu einem großen, ja sehr großen Leiden geworden, das oft bedrückender ist als das Leiden an der Unheiligkeit der Welt. Psychologisch ist die Intensität dieses Leidens der Wohlgesinnten an ihrer Kirche durchaus verständlich, denn wirklich verletzen kann mich nur jemand, mit dem ich in Gemeinschaft und Identität lebe. So wird es mir beispielsweise kaum weh tun, wenn mich ein Fremder auf der Straße beschimpft; wenn mir aber ein Vertrauter etwas Böses sagt, kann mich das ins innerste Herz treffen. Diese Verletzungen durch den, mit dem ich im Glauben verbunden bin, bringen schon die Psalmen zum Ausdruck: „Denn nicht mein Feind beschimpft mich, das würde ich ertragen; nicht ein Mann, der mich hasst, tritt frech gegen mich auf, vor ihm könnte ich mich verbergen. *Nein, du bist es, ein Mensch aus meiner Umgebung, mein Freund, mein Vertrauter;* mit dem ich, in Freundschaft verbunden, zum Haus Gottes gepilgert bin inmitten der Menge" (Ps 55,13-15).

Dass es die Vertrauten sind, unsere Brüder und Schwestern in unserer katholischen Kirche, unsere Mitchristen, vielleicht gerade unser Pfarrer, vielleicht gerade der Religionslehrer, dem wir unsere Kinder anvertrauen, vielleicht gerade die gewählten Räte, in deren Hände wir Verantwortung für die Kirche gelegt haben, ja, dass oft gerade sie es sind, die sich so widrig verhalten, das macht uns zu schaffen! Wenn ich in einer zeitgeistigen Lifestyle-Zeitschrift einen polemischen Hetzartikel über den Papst oder einen Amtsträger lese, wird mich das kaum berühren. Wenn aber kirchliche Medien – oder gar Priester – ähnliche Töne anschlagen, so wird mich das zuinnerst verletzen. Dass die gegenwärtige Situation viele leiden lässt, steht jedenfalls außer Diskussion.

Aber wie sollen wir mit diesem Leiden fertig werden? Welche Therapie gibt es? Sicher ist jedenfalls die *Flucht* vor diesem Leiden *keine* Lösung – etwa in das Schisma des Erzbischofs Marcel Lefebvre, denn die „eine heilige katholische und apostolische Kirche" wird durch Trennung nicht reformiert, sondern beschädigt.[11] Daher kann die Lösung nur darin liegen, *sich diesem Leiden auszusetzen, es zu „ertragen".*

Jedoch darf „ertragen" auch nicht nur im Sinne eines passiven Duldens verstanden werden. Passivität kann sogar gefährlich sein, denn Christus hat von uns weder stoische Ruhe noch phlegmatische Abgeklärtheit verlangt. Sein Wille ist unser voller Einsatz in der authentischen Sendung der Kirche. Die schlimme Situation der Kirche muss also *„ertragen" werden in der Form höchster Aktivität und größtmöglichen Einsatzes.*

Wie kann ein solches „aktives Ertragen" der Kirche ausschauen? In loser Reihenfolge möchte ich sieben praktische Punkte nennen, wie wir durch unser „Ertragen" der Kirche diese zugleich nach dem Willen Christi in die Zukunft tragen.

Das angstlose Vertrauen

Der Glaube an Jesus Christus erlaubt uns, mit unerschütter-lichem Vertrauen in die Zukunft zu blicken. Der Glaube lehrt uns doch, das Wort Christi für prophetisch wahr zu halten, das da lautet: „Die Mächte der Unterwelt werden sie, die Kir-che, nicht überwältigen" (Mt 16,18). *Non praevalebunt!* Es ist eine dogmatische Glaubenswahrheit, dass die von Chris-tus gegründete Kirche *unzerstörbar* ist. Und die fast zweitau-sendjährige Geschichte der Kirche beweist ja auch faktisch, dass der Kirche eine *„invicta stabilitas"* eigen ist, wie das 1. Vatikanum es ausdrückt[12]: eine unbezwingbare Beständig-keit. Das 2. Vatikanum nennt die Kirche ebenfalls „unzer-störbar heilig"[13].

Deshalb hat schon Papst Johannes Paul II. im Jahr 1978 sein Amt mit dem Zuruf begonnen: „Habt keine Angst! Fürchtet euch nicht!"[14] Sein ganzes Pontifikat war eine mutige Einladung zur Hoffnung bis zu seinem seligen Tod am 2. April 2005: Wir dürfen mit Vertrauen in die Zukunft blicken, dürfen ruhig *„die Schwelle der Hoffnung überschreiten"*, denn unsere Hoffnung darauf, dass die Kirche all dies über-dauern wird, ist keine verzweifelte Autosuggestion, sondern liegt in der Wahrheit Christi begründet. „Die Wahrheit wird euch befreien" (Joh 8,32), sagt Christus. Und deshalb ist Re-signation nicht angebracht!

Zudem gibt es in dem ganzen Dunkel bereits deutliche Zeichen der Wende. Wenn wir diese Zeichen richtig deuten, hat die *Erneuerung der Kirche* zwar leise, aber doch bereits unaufhaltsam begonnen. Eine Erneuerung, die freilich etwas anders ist, als man das aus der Perspektive der 68er-Mentali-tät erwartet hätte. Allein wenn man auf die jungen Leute schaut, die heute aus einer tiefen Spiritualität heraus Priester werden wollen, ist das ein Grund zum Aufatmen.

Ein französisches Sprichwort sagt: „Les dieux s'en vont!"

Die Götzen und Götterbilder gehen von selbst wieder! Und
wir haben ein ähnliches Wort im Deutschen, das lautet: „Wer
mit der Zeit geht, muss mit der Zeit gehen." Deshalb dürfen
wir angstlos sein. Die große Theresia von Avila, die wahrlich
auch beunruhigende Situationen durchlebt, durchkämpft und
durchlitten hat, tröstet uns mit ihrem klassischen Wort:
„Nichts dich verwirre; nichts dich erschrecke. Alles geht vorbei. Gott ändert sich nicht. Geduld erreicht alles. Wer Gott
hat, dem fehlt nichts. Gott allein genügt."[15]

Ich rate deshalb dringend, dass wir uns die *Glaubenswahrheit von der Unzerstörbarkeit der Kirche* immer wieder
vor Augen halten. „Gott ist treu" (2 Kor 1,18). Er ist der Herr
der Kirche und hat ihr seine bleibende Gegenwart verspro-
chen (Mt 28,20). Ich erinnere daran, dass auch die Jünger es
nicht verstehen konnten, als der Herr im Boot schlief, während der Seesturm das Boot zum Kentern zu bringen drohte
(Mk 4,35-41par): „Meister, kümmert es dich nicht, dass wir
zugrunde gehen?!" Und doch hatte der ganze Sturm nur den
einen Zweck, das Vertrauen der Jünger zu prüfen und die
Macht Christi zu zeigen. Von ihm genügt ein einziges Wort:
„Schweige still!" Und schon ist alles in Ordnung. Dass Christus irgendwann dieses Wort auch zu den heutigen Mächten
des Unheils sagen wird, die um die Kirche herumtosen, daran
dürfen wir keinen Augenblick zweifeln!

Der „heilige Zorn"

Eine Form des Ertragens ist auch die „schwierige Tugend"
des „heiligen Zorns". Nun ist Zorn freilich ein schweres Übel,
und eine der Seligpreisungen Jesu gilt nicht den Zürnenden,
sondern den Sanftmütigen. Und doch gibt es einen „gerechten", ja „heiligen Zorn".[16] Der Zorn ist nämlich dann gerecht, wenn er sich etwa *gegen eine schwere Verunehrung des
Heiligen oder gar gegen eine blasphemische Beleidigung Got-*

tes richtet. So lesen wir in der Schrift über den Zorn des Moses und anderer Propheten gegen das störrische Volk; aber auch die Paulusbriefe sind von so manchem Zornausbruch durchsetzt. Schließlich berichten die Evangelien über das zürnende Auftreten Jesu gegen die Schriftgelehrten und Pharisäer, die Geldwechsler und Händler, die er aus dem Tempel treibt,[17] weil sie das Haus Gottes zu einer Räuberhöhle gemacht haben.

Der Zorn kann aber *nur dann* ein probates Mittel sein, auf Missstände in der Kirche zu reagieren, wenn wichtige Einschränkungen beachtet werden. Wenn er nicht aus einem schweren inneren Leiden an und für die Kirche geboren wird, kann er leicht zur Sünde werden. Aus dem Zorn kann übereiltes Handeln, Bösartigkeit, Zynismus, hinterhältige Kritik und schließlich Spaltung entstehen. Es sei an die Formulierung des Epheserbriefes erinnert, die einen *sündelosen Zorn* einfordert: „Lasst euch durch den Zorn nicht zur Sünde hinreißen! Die Sonne soll über eurem Zorn nicht untergehen. Gebt dem Teufel keinen Raum!" (Eph 4,26f). Es ist deshalb empfehlenswert, *„tardus ad iram"* zu sein, „langsam zum Zorn bereit", wie der Jakobusbrief es ausdrückt (Jak 1,19).

Dennoch kann das „Zürnen" – mit vielen situations- und charakterspezifischen Einschränkungen – eine legitime Weise sein, um auf Missstände in der Kirche zu reagieren. Jedenfalls wäre eine stoisch-noble Apathie sogar gefährlich! Würden wir uns dagegen immunisieren, am Bösen zu leiden und emotional darauf zu reagieren, wäre das sogar ein Zeichen dafür, dass uns der Glaube, die Offenbarung und die Kirche nichts mehr wert sind. Wir Christen sind keine Stoiker, wir sind nicht verpflichtet, phlegmatisch zuzusehen, wie Gott entehrt und das Heiligste entweiht wird. Treue Katholiken haben gleiche Rechte in Kirche und Welt wie andere und dürfen diese auch mit Temperament und den angemessenen Mitteln einfordern.

Ich bin mir bewusst, dass dieser Hinweis auf den „heiligen Zorn" durchaus problematisch ist, da *das Tugendhafte am Zorn moralisch schwer abzuwägen ist* und die Möglichkeit der schweren Sündhaftigkeit ebenfalls besteht. Und noch schwieriger ist es, seine Emotionen so zu äußern, dass dadurch etwas Gutes für die Kirche geschieht. So muss man etwa bedenken, dass in der gegenwärtigen Diskussionskultur derjenige automatisch als „unterlegen" gilt, der argumentationslos zu zürnen beginnt. Deshalb muss es uns zugleich klar sein, dass es für die Sache der Kirche durchaus kontraproduktiv sein kann, wenn sich überzeugte Katholiken wie rasende Ayatollahs gebärden.

Die „brüderliche Zurechtweisung"

Auch dieser Ratschlag, die „brüderliche Zurechtweisung" auszuüben, ist natürlich gewagt. Die *„correctio fraterna"*, wie der lateinische Ausdruck lautet, setzt nämlich wiederum in höchstem Maß die Tugend der Klugheit und des rechten Maßes voraus. Vor allem ist deutlich zu machen, dass damit etwas wesentlich anderes gemeint ist als „Kritik", wie sie heute verstanden wird. „Kritik" erfolgt aus Lust am Sieg über den anderen; es geht um den Triumph des Rechtbehaltens auf Kosten des anderen. Die brüderliche Ermahnung hingegen ist ein Dienst, *eine Hilfestellung* für denjenigen, der fehlt und sich gegen Gott und die Kirche vergeht.

Die „correctio fraterna" unterscheidet sich also von der heute grassierenden Praxis der zerstörerischen Kritik fundamental durch ihre Motivation: Sie erfolgt nicht um meines Ärgers oder meines Gekränktseins willen, nicht deshalb, weil *mir* etwas nicht passt! Vielmehr erfolgt sie *um des anderen willen, der etwas Falsches tut oder lehrt.* Augustinus sagte: „Warum weist du ihn zurecht? Weil es dir wehtut, dass er sich gegen dich verfehlt hat? Wenn du es aus Eigenliebe tust, tust du nichts Wertvolles. Wenn du es aber aus Liebe zu ihm tust, tust du sehr gut."[18] Die christliche „correctio" möchte also nicht triumphieren, sondern dienen; sie möchte demjenigen, den sie auf einen Fehler aufmerksam macht, helfen, das Rechte zu erkennen und zu tun.

Aus diesem Grund gehört zum Wesen der „correctio fraterna" *das Personale:* dass man sich *„Aug in Aug"* gegenübersteht. Dieses „unter vier Augen" ist ja eine Forderung, die Jesus auch im Evangelium erhebt: „Wenn dein Bruder sündigt, dann geh zu ihm und weise ihn unter vier Augen zurecht"[19]. Weil es in dieser Form der Ermahnung um das Heil des anderen geht, gibt die Schrift auch etliche klare Weisungen, sie aus sittlicher Pflicht heraus *gewissenhaft* zu üben.[20] Kritisieren ist leicht, doch die richtig geübte brüderliche Ermahnung fällt schwer! Viele scheuen davor zurück aus Angst vor Unannehmlichkeiten. Es ist vielfach die Angst, sich unbeliebt zu machen, sich zu deklarieren. Und weil man den Mut nicht aufbringt, jemandem, der gegen die Kirche fehlt, von Angesicht zu Angesicht gegenüberzutreten, frisst man den Ärger entweder in sich hinein oder man kritisiert hinterrücks. Es ist eben weit einfacher, jemand Abwesenden im Kreise Gleichgesinnter zu kritisieren. – Und ich füge hinzu: Auch das Schreiben eines Briefes oder das Senden eines Fax erfordert immer noch ein eher geringes Maß an Mut. – *Hingegen kostet das „Aug in Aug" die Kraft der Demut und der Überwindung der eigenen Bequemlichkeit.* Und genau diese Haltung macht die „correctio fraterna" zur Tugend und gewährleistet den Erfolg! Als Faustregel kann man sagen: Wer gerne kritisiert, soll sich hier eher zurückhalten. Je mehr Überwindung es kostet, unter vier Augen eine unangenehme Mahnung liebevoll anzusprechen, desto fruchtbarer kann die brüderliche Korrektur sein. Je mehr die Unternehmung durch inneres Leiden und Gebet begleitet wird, desto tugendhafter ist sie.

Bei einer solchen persönlichen Unterredung sind Polemik

und Zynismus nicht angebracht, denn es geht um einen Dienst. *„In omnibus caritas!"* Wir Christen sind ja tatsächlich Geschwister; die „correctio fraterna" zu üben, ist ein Ernstnehmen dieser Geschwisterlichkeit. Für den Erfolg ist auch die geistliche und emotionale Verfassung des Mahnenden von entscheidender Bedeutung. Damit derjenige, der die „correctio fraterna" ausübt, sich in der richtigen geistlichen Verfassung befindet, ist sehr zu empfehlen, dass er vorher sein Gewissen prüft und das Bußsakrament empfängt. Sie sehen jedenfalls: Mein Ratschlag zur „correctio fraterna" ist etwas ganz anderes als die Aufforderung zu billiger Kritik, im Gegenteil!

Die Gnade der Sühne

Kardinal František Tomašek aus Prag zitierte oft den Satz: „Wer für die Kirche arbeitet, tut viel. Wer für die Kirche betet, tut mehr. Wer für die Kirche leidet, tut am meisten." Unser Problem heute ist, dass viele – oft mit pathetischen Worten – *an der Kirche* leiden, doch nur wenige *für die Kirche* zu leiden bereit sind. Der erlösende Wert des Leidens ist eines der größten Mysterien des Christentums. Deshalb möchte ich hier nur schlicht auf das beeindruckende Zeugnis hinweisen, das uns durch einen österreichischen Priester im 20. Jahrhundert gegeben wurde:

Als 1920 der Prämonstratenserpriester Bohumil Zahradnik aus Strahov sich mit 140 Priestern in Prag von der römisch-katholischen Kirche trennte und eine eigene „tschechoslowakische" Nationalkirche ausrief, gab es den jungen *Franz Alexander Kern* aus Wien, der sich das sehr zu Herzen nahm, der wegen des Gelübdebruches des Prager Prämonstratensers litt. Ein Platz in der Kirche war leer: Einer war von Gott gerufen worden, um nach Heiligkeit zu streben und endete nun in Aufruhr und Ungehorsam. Franz Kern war im 1. Weltkrieg Leutnant gewesen und durch einen Lungen-

schuss lebensgefährlich verwundet worden. Gott hatte ihm
nach langer Genesungszeit sein Leben wunderbar erhalten.
Jetzt wollte dieser junge Mann Gott sein Leben ganz schenken: als Opfer, als Sühne für den abgefallenen Priester. Franz
Kern sagte sein Ja, indem er in das Prämonstratenserkloster
Geras eintrat. Er erhielt den Ordensnamen Jakob und wurde
trotz seines angegriffenen Gesundheitszustandes im Jahr 1922
zum Priester geweiht. Es folgten Monate unendlicher Freude
über das Priestertum, aber auch unendlichen Leidens. Die
Kriegswunde brach auf, man entfernte Rippe um Rippe, das
Rippenfell verfaulte förmlich in seiner Brust. Gott nahm
schließlich am 20. Oktober 1924 das Opfer des 27-Jährigen
an, der sein Leben als Sühne für die Sünde eines anderen Gott
schenken wollte.[21]
     Sühne ist, wie gesagt, ein Mysterium. Sühne ist eine
Gnade. Zur Sühne muss man von Gott berufen sein. Deshalb
wollen wir es hier bei dem Hinweis auf das Vorbild des *Dieners Gottes Jakob Kern* belassen. Ich lade uns alle aber ein,
dass wir uns überlegen, wo wir nach unserem Maß Sühne
leisten können für die Sünden unserer Mitchristen. Wie kann
ich ein Opfer bringen? Wie kann ich, wie Paulus es formuliert, „für den Leib Christi, die Kirche, in meinem irdischen
Leben das ergänzen, was an den Leiden Christi noch fehlt"
(Kol 1,24)?

Das Streben nach Heiligkeit

Der große Origenes schreibt: „Wo Sünden sind, da ist Viel-
heit, da sind Spaltungen, da Sekten, da Streitgespräche. Wo
aber Tugend ist, da ist Einmütigkeit, da Einheit, weshalb alle
Gläubigen eines Herzens und einer Seele waren"[22]. Es ist von
großer Bedeutung, dass wir – bei allem Ärger über die Mittelmäßigkeit der Kirche – erkennen, dass *wir selbst* ein Teil
dieser Mediokrität sind. *Wir selbst* sind es, die durch unsere

Sünden, unsere Nachlässigkeit und Lauheit auch dazu bei-
tragen, dass die Kirche zum Gespött der Menschen und zum
Trauerspiel vor den Engeln wird. Das Bemühen um eigene Bekehrung und um eigene Heiligung muss deshalb immer in unserem Blickfeld sein. Mit allen Kräften sollen wir danach
streben, heilig zu werden, die Sünde und Unheiligkeit *zuerst
in uns* zu überwinden.

Von dieser übernatürlichen Perspektive aus, heilig werden zu wollen, kann man der gegenwärtigen Situation der
Kirche durchaus auch *einen gnadenhaften Aspekt abgewin-
nen:* Denn so unerfreulich und schmerzhaft alles sein mag, es
ist doch zugleich mit Gewissheit ein Mittel, durch welches
Gott uns zur Heiligkeit führen kann und will. *Unser Leiden
an der Kirche ist zugleich das Kreuz, das wir für die Kirche
tragen!*

Der französische Dichter Georges Bernanos formulierte
im „Tagebuch eines Landpfarrers": „Es ist noch zu wenig, *für*
die Kirche zu leiden, man muss *durch* sie gelitten haben!"[23]
Gott erprobt, prüft, läutert und reinigt, indem er *durch die
Kirche leiden lässt.* Und dies ist gut, da es unserer Heiligung
dient. Es ist wie in einem Kloster: auf der einen Seite wird
man durch die Gemeinschaft getragen und gestärkt; auf der
anderen Seite aber wird man durch die unausweichlichen Rei-
bereien geläutert und geprüft. *Und diese „innerkirchlichen"
Prüfungen haben ihre eigene Gnade.*

Als Beispiel fällt mir etwa ein junger Mann ein, dem man
auf seinem Weg zum Priestertum nichts als Prügel zwischen
die Beine geworfen hatte. Gerade durch diese Erschwernisse
entstand aus ihm eine geläuterte und fruchtbare Priesterper-
sönlichkeit. Nochmals: Die innerkirchlichen Schwierigkeiten
haben ihre eigene Gnade! Deshalb ordnete übrigens der heilige Benedikt in seiner Regel sogar programmatisch an, dass
man Eintrittswillige zuerst schroff zurückweisen soll, man
soll sie so genannten „*opprobria*", „Prüfungen"[24], aussetzen.

Denn Nachfolge und Heiligkeit erstarken in der Kirche eben nur dort, wo sie durch die Kirche der Bewährung unterworfen worden sind.

Und noch ein Gedanke zum Thema Heiligkeit: Diese Kirche, so unheilig sie sich manchmal gebärden mag, ist doch zugleich der einzige Ort unserer Heiligung. Der Gesellschaftsanalytiker Johann Millendorfer hat den Ausspruch geprägt: *„Die Kirche ist die Infrastruktur für die Heiligen, die sie nicht verhindern konnte."* Das ist eine treffende dialektische Formulierung, die wieder das doppelte Antlitz der Kirche ausdrückt: sie ist sündhaft und widersetzt sich immer wieder der Heiligkeit. Es gibt keinen Heiligen, der nicht durch die Kirche, das heißt durch innerkirchliche Verfolgung, Verleumdung oder Verdemütigung, gelitten hätte! Auf der anderen Seite ist die Kirche zugleich die Infrastruktur, der Nährboden für diese Heiligkeit. *Denn es gibt die wahre personale Heiligkeit nur auf dem Fundament der Kirche.* Wir werden in der Kirche und durch die Kirche heilig, oder wir werden es eben nicht.

Alle Heiligen sind diesen Weg gegangen; durch ihr Beharren in der Kirche, an der sie soviel litten, haben sie diese getragen und tragen sie heute vom Himmel her. Eben *solche Heilige* müssen wir werden! Hans Urs von Balthasar hat sie mit folgenden Worten beschrieben: „...sie sind demütig, das heißt, dass die Mediokrität der Kirche sie nicht abschreckt, mit ihr ein-für-allemal solidarisch zu sein, denn sie wissen wohl, dass sie ohne Kirche den Weg zu Gott nicht fänden. Sie biedern sich nicht auf eigene Faust mit Gott an, die Kirche Christi links liegen lassend. Sie bekämpfen die Mediokrität nicht durch Kontestieren, sondern indem sie die Besseren anspornen, anstecken, anzünden. Sie leiden an der Kirche, aber sie werden nicht bitter und stehen nicht schmollend abseits. Sie bauen auch keine Konventikel daneben, sondern werfen ihr Feuer in die Mitte..."[25]

Das mutige Apostolat

Die Gefahr der Ablenkung ist groß: Die innerkirchlichen Querelen blockieren und lenken uns vom Eigentlichen ab. Die Kirche trägt ja eine Sendung „nach außen", die ihr der Herr gleichsam testamentarisch zugedacht hat: „Darum geht zu allen Völkern und macht alle Menschen zu meinen Jüngern." (Mt 28,19). Es ist schockierend zu sehen, wie heute dieser *Auftrag des Apostolates* auf das Wirken in die Welt hinein allgemein vergessen wird. Das Dokument, in dem das 2. Vatikanum die Kirche zum Apostolat auffordert, ist vielleicht das missachtetste aller Konzilsdokumente, obwohl gerade hier am stärksten die rechte Mitverantwortung der Laien angesprochen wird.[26]

Mitten in dem innerkirchlichen Frust müssten wir uns endlich „paulinisch" verhalten: Paulus mühte sich mit ganzem Eifer ab, sein eigenes Volk von Christus zu überzeugen, aber neben dieser *„Mission nach innen"* praktizierte er kühn die *„Mission nach außen"*, die Bekehrung der Heiden. Es wäre sehr gefährlich darauf zu warten, bis in der Kirche wieder alles in Ordnung ist. Das wird nämlich nie der Fall sein, weil die Kirche eben konstitutiv immer die Sünde an ihrem Leib trägt. Wir müssen uns deshalb *heute und jetzt* mutig den vielen zuwenden, die ohnehin keine Ahnung mehr von den zentralen Wahrheiten unseres Glaubens haben. Verkünden wir doch positiv missionarisch und apostolisch Christus denen, die ihm schon völlig entfremdet sind.

Es ist gefährlich, sich *„kircheninternn"* blockieren zu lassen und nur noch über die peripher-klerikalen Themen wie Frauenpriestertum, Bischofsernennungen, Zölibat usw. herumzudiskutieren und -lamentieren. Lassen wir uns nicht mental gefangen setzen, indem wir meinen, wir müssten beispielsweise zuerst den kirchenkritischen Religionslehrer oder den polemisierenden Kirchenfunktionär bekehren. *Daneben* ist bereits eine nachchristliche Generation aufgewachsen, der die „kircheninternen" Themen ziemlich egal sind, weil sie das Substantielle nicht kennt: Gott, Christus, Liebe, Hingabe, Gebet, Anbetung, ewiges Leben usw. So kann zum Beispiel ein klarstellender Leserbrief an eine kirchenpolemische Zeitschrift durchaus wichtig sein; doch weitaus wichtiger und gebotener wäre doch vielleicht auch einmal ein persönliches Glaubensgespräch mit dem Nachbarn; einen Jugendlichen freundlich zum Gebet einzuladen...

Nochmals: es ist eine große Gefahr, dass wir uns allein auf die innerkirchlichen Probleme konzentrieren, wenn es weit fruchtbarer wäre, mit apostolischem Eifer jenen Menschen ein Licht anzuzünden, die „in Finsternis und Todesschatten sitzen" (Lk 1,79).

Die ausstrahlende Freude

Um das Jahr 140 schreibt in Rom ein Sklave, der nach seiner Bekehrung offensichtlich mit Begeisterung Christ war, den folgenden Satz: „Der Geist Gottes ... verträgt keine Traurigkeit oder Verdrossenheit. *Ergib dich also der Fröhlichkeit, die allezeit Gnade findet bei Gott und ihm wohlgefällig ist, und lass es dir in der Heiterkeit gut gehen.*"[27] Der Name des Sklaven ist Hermas, und seine Lehrschrift ist unter dem Namen „Pastor Hermae" als erste Bußschrift in die kirchliche Literatur eingegangen[28].

Die Freude ist das Letzte und Schönste, das ich in der heutigen Situation anraten darf. Bedenken wir: Wir gläubigen Christen tragen den Schatz einer unzerstörbaren Freude in uns, denn wir wissen uns geliebt, erlöst und ewig geborgen. Strahlen wir diese Freude einfach unerschütterlich aus!

Ein Sprichwort lautet: „Mit einem Tropfen Honig fängt man mehr Fliegen als mit einem Fass Essig!" *Das derzeitige Frustrationspotential in der Kirche ist eine böse Form der Antiwerbung.* Kein Wirtschaftsunternehmen würde auf die

Idee kommen, sein Produkt missmutig und mit mörderischer Selbstkritik zu präsentieren. In den Werbespots des Fernsehens lächeln uns freundliche Gesichter entgegen. Ja, „die Kinder dieser Welt sind im Umgang mit ihresgleichen klüger als die Kinder des Lichtes" (Lk 16,8), denn ein Produkt, das lächelnd angepriesen wird, kauft man gerne. Wir hingegen – und das ist unsere eigentliche Tragödie – präsentieren unser Christentum, unsere Kirche, als wäre sie nicht eine Quelle der Freude, sondern des Missmutes und der Frustration.

Das ist auch eine Gefahr auf Seiten der Treuen und Wohlmeinenden: sich in die Frustration und Resignation drängen zu lassen. Es scheint geradezu, als wäre diese Mentalität das *Antiprogramm,* mit dem der Feind die Neuevangelisierung entmächtigen will: Statt der so notwendigen freudestrahlenden Mission nach außen, nichts als Bitterkeit und Frustration nach innen!

Und was für eine Chance hätten wir doch mit unserem „Produkt", um bei dem Vergleich mit der Werbewirtschaft zu bleiben! Gerade in dieser Zeit einer technisch produzierten Freudlosigkeit und Leere! Wir haben ja nicht irgendein Produkt anzubieten, sondern unser Geschenk an die Welt von heute ist die *Fülle der Freude* selbst. Damit wir diese Freude ausstrahlen können, müssen wir selbst in dieser Freude brennen: Freude am Glauben und Freude an der Kirche! Hat uns Jesus nicht dazu erlöst, dass, wie er sagt, „meine Freude in euch ist und eure Freude vollkommen wird" (Joh 15,11)? Hat er nicht auch zu uns gesagt, dass er eine Freude gibt, „die niemand von euch nehmen wird" (Joh 16,22)? Es wäre für die Menschen anziehender, wenn wir wir ihnen durch unser Brennen und Strahlen beweisen würden, dass es glücklich macht, mit ganzem Herzen katholischer Christ zu sein. Freilich: Inmitten all der Frustrationen ist es nicht leicht, die Freude zu bewahren. Und man muss auch sagen: die Heiterkeit des Gemütes ist nicht zuerst eine moralische Pflicht, *sondern eine Gnade,* also ein Geschenk des Heiligen Geistes. Wie Paulus schreibt: „Die Frucht des Geistes ist Liebe, *Freude,* Friede, Langmut, Freundlichkeit, Güte, Treue, Sanftmut und Selbstbeherrschung" (Gal 5,22).

Dank Dir, Mutter Kirche!

Wir sind somit bei der Gnade angekommen. *„Alles ist Gnade!",* sagte der sterbende Landpfarrer in dem berühmten Roman „Tagebuch eines Landpfarrers" von Georges Bernanos. „Alles ist Gnade!" Und so müssen wir eine wichtige Schlussbemerkung anfügen. Wir haben darüber nachgedacht, wie wir die Kirche, die *konkrete* Kirche, „ertragen" können. Und das ist eigentlich durchaus *vermessen!* Vermessen deshalb, weil es objektiv gesehen umgekehrt ist: *nicht wir ertragen die Kirche, sondern die Kirche trägt und erträgt uns.* Sie, deren Urbild die Gottesmutter selbst ist, wie das Konzil lehrt,[29] trägt in ihrem mütterlichen Schoß durch schon fast zwei Jahrtausende den Heiland. Sie, die Mutter Kirche, hat durch den Glauben und die Sakramente Jesus in unseren Herzen geboren, sie überhäuft uns mit seinen Gnadengaben, ihr verdanken wir die Freude in der Zeit und dereinst das Glück unserer Ewigkeit. Dank also Dir, Mutter Kirche, dass wir Dich ertragen dürfen, da Du es bist, die uns trägt!

Deshalb müssen diese Gedanken mit einem Lobpreis auf die heilige Mutter Kirche schließen. Und da gibt es nichts Schöneres als die von der großen Gertrud von Le Fort formulierten „Hymnen an die Kirche". Sie schreibt:

„Du hebst dein Haupt bis an den Himmel,
und dein Scheitel wird nicht versengt.
Du schreitest bis zum Rande der Hölle nieder,

und deine Füße bleiben unversehrt!
Du bekennst Ewigkeit,
und deine Seele erschrickt nicht.
Du gebietest Gewissheit,
und deine Lippen werden nicht stumm:

Wahrlich, es müssen Wolken von Engeln über dir lagern,
und Gewitter von Cherubinen müssen dich decken,
denn du grünst in deinem Vermessen wie eine Palme in der Wüste,
und deine Kinder sind wie ein Feld von Ähren!"[30]

Anmerkungen

1. Kapitel
Ein Weg zur Freude: die Beichte!

1 HIRTE DES HERMAS, Mandata X 2,6 – 3,1, zitiert nach H. v. Campenhausen, Christentum und Humor, in: Theologische Rundschau 27 (1961) 65-82, hier: 65.

2 TERTULLIAN, Apologeticum; Corpus Christianorum Latinorum, Band 1, Seiten 85 bis 171.

3 Die österreichischen Ausdrücke wurden wegen der Authentizität der Vorträge im Original belassen.

4 H. FLUCK, Der Risus paschalis, in: Archiv für Religionswissenschaft 31 (1934) 188-212, hier: 206ff. Vgl. Literatur: G. LUCK, Art. Humor, in: RAC 16, 753-773; W. PREISENDANZ, Art. Humor, in: Historisches Wörterbuch der Philosophie 3, 1232-1234; A. HÜGLI, Art. Lächerliche (das), in: Historisches Wörterbuch der Philosophie 5,1-8; L. STEIGER, Art. Humor, in: TRE 15,696-701; H v. Campenhausen, Christentum und Humor, in: Theologische Rundschau 27 (1961)65-82; F. DÖLGER, Lachen wider den Tod, in: Pisciculi. Festschrift J. Dölger, 1939, 80-85; B. STEIDLE, Das Lachen im alten Mönchtum, in: Benediktinische Monatsschrift 30 (1939) 271-280; H. THIELICKE, Das Lachen der Heiligen und der Narren. Nachdenkliches über Witz und Humor, 1975.

5 H. FLUCK, Der Risus paschalis, a. a. O. 193.

6 J. MÜLLER, Ein Christ... Gereimte Ungereimtheiten eines Betroffenen, Stuttgart-Hamburg, 3. Auflage 1994, 16.

7 Licht und Feuer, Heft 8/94, Seite 5.

8 JOHANNES PAUL II., Apostolisches Schreiben „Reconciliatio et poenitentia" vom 2. Dez. 1984, Art. 34.

2. Kapitel
Was ist echte christliche Spiritualität?

1 MATTHIAS HORX, Trendbüro. Trendbuch 2: Megatrends für die späten neunziger Jahre, Düsseldorf 1995, 101f.

2 Botschaft Papst BENEDIKT XVI. an die Teilnehmer der Tagung an der Lateran-Universität vom 7. Okt. 2005.

3 Rechtzeitig zum Balthasar-Jubiläum erschien die HANS URS VON BALTHASAR Bibliographie 1925-2005, Einsiedeln-Freiburg i. Br. 2005.

4 Man beachte die enormen Mengen an Dissertationen und Publikationen zu
   Balthasar. Die Sekundärliteratur findet sich auch auf: >www.mypage.
   bluewin.ch/HUvB.S.Lit< und man beachte auch die Liste der Links unter
   >www.balthasar-stiftung.org<.
5 J. A. CUTTAT, Asiatische Gottheit – Christlicher Gott. Die Spiritualität der
   beiden Hemisphären, Einsiedeln 1965.
6 Die wichtigsten Veröffentlichungen Balthasars dazu:
   Das betrachtende Gebet, Einsiedeln, 4. Auflage: 1976;
   Christlich meditieren, Freiburg-Basel-Wien 1984; zitiert nach der 2. Auflage:
   Einsiedeln 1995;
   Christliche ‚Mystik' heute, in: Der Weg zum Quell. Theresa von Avila 1582-
   1982, hrsg. v. J. Kotschner, Düsseldorf 1982, 11-51;
   Vom immerwährenden Gebet, in: IkaZ Communio 4 (1975) 206-217;
   Beten, Freiburg i. Brsg. 1980.
7 Balthasar notierte in einem von Maria Eschbach publizierten Brief vom 20.
   März 1983 an die Autorin: „Ratzinger verlangt mir ein Schreiben über das
   Gebet (gegen ‚Zen' u. dgl.)". Siehe: M. ESCHBACH, „Glauben heißt der Liebe
   lauschen". Glaubenswege mit Gertrud von le Fort und Hans Urs von Balthasar, Paderborn 2005, 210.
8 Schreiben der GLAUBENSKONGREGATION vom 15. Oktober 1989 „Über einige
   Aspekte der christlichen Meditation".
9 H. de LUBAC, Ein Zeuge Christi in der Kirche: Hans Urs von Balthasar, in:
   IkaZCommunio 4 (1975) 390-409, hier: 392. Man beachte auch: HANS URS
   VON BALTHASAR 1905-1988, hrsg. v. d. Akademischen Arbeitsgemeinschaft
   und der Römisch-Katholischen Kirche Basel, Basel 1989.
10 Verbum Caro. Skizzen zur Theologie I, Einsiedeln, 2. Auflage 1965 (1960),
   224. Dazu K. RAHNER, Schriften zur Theologie 1,10, Anm. 1: „ein an sich
   problematisches Wort"!
11 W. LÖSER, Rezension zu: H. U. v. Balthasar, Herrlichkeit 3/2/2, in: ThPh 46
   (1971) 119-122, hier 121.
12 Cordula oder der Ernstfall, Einsiedeln, 1968 (1966), 5.
13 Cordula 125.
14 E. GUERRIERO, Hans Urs von Balthasar. Eine Monographie, Einsiedeln 1993,
   260.
15 Vgl. Büchlein „Klarstellungen", „Neue Klarstellungen", „Wer ist ein Christ"
   usw.
16 Meditation als Verrat, in: Geist und Leben 50 (1977) 260-268.
17 Katholische Meditation, in: Geist und Leben 51 (1978) 28-38.
18 Dazu insgesamt: K. J. WALLNER, Gott als Eschaton. Trinitarische Dramatik
   als Voraussetzung göttlicher Universalität, Heiligenkreuz 1992, 51-70. Skizzen zur Phänomenologie der religiösen und philosophischen Idee bietet Balthasar in: Die Wahrheit ist symphonisch. Aspekte des christlichen
   Pluralismus, Einsiedeln 1972, 17-75 („Rundgang durch den theologischen
   Pluralismus"); Die Gottesfrage des heutigen Menschen, Wien 1956, 26-134;
   Christen sind einfältig, Einsiedeln 1983,13-19.100-109; Einfaltungen. Auf
   Wegen christlicher Einigung, München 1969,129-147 („Nur wenn"); Frag-

ment. Aspekte der Geschichtstheologie, Einsiedeln 1963, 74-79; Epilog, Einsiedeln-Trier 1987, 11-32; Theodramatik 2/1,34-46.

19 H. U. v. Balthasar, Verbum Caro. Skizzen zur Theologie I, Einsiedeln 1965 (1960), 172.

20 K. BARTH, Kirchliche Dogmatik 1/2, 344-356: „Religion als Unglaube". Vgl. Balthasars Buch über Barth, 107.

21 2. VATIKANUM, Erklärung über die nichtchristlichen Religionen „Nostra aetate" Art. 2,2.

22 Verbum Caro 173.

23 Der Weg zum Quell 35f.

24 Ebd. 13.

25 Vgl. 1 Joh 4,10; Gal 2,20: „Ich lebe im Glauben an den Sohn Gottes, der mich geliebt und sich für mich hingegeben hat."

26 Theologie und Heiligkeit, in: Verbum Caro 195-224.

27 Einleitung zu: Adrienne von Speyr, Apokalypse. Betrachtungen über die Geheime Offenbarung, Bd. 1, Wien 1950, 7-13, hier: 8f.

28 Das betrachtende Gebet, Einsiedeln 1976 (1955), 44.

29 Pneuma und Institution. Skizzen zur Theologie IV, Einsiedeln 1974, 293.

30 H. U. v. BALTHASAR, Theologik. Bd. 2: Wahrheit Gottes, Einsiedeln 1985, 106.

31 ARISTOTELES, Metaphysik 2,1 n. 286. Vgl. Theologik 2,111.

32 Herrlichkeit. Eine theologische Ästhetik, Bd. 1: Schau der Gestalt, Einsiedeln 1969 (1961) 444. Vgl. Spiritus Creator. Skizzen zur Theologie III, Einsiedeln 1967, 38f.

33 Homo Creatus Est. Skizzen zur Theologie V, Einsiedeln 1986, 20f.

34 Das betrachtende Gebet 212f.

35 Theologik 2, 98-113. Weshalb diese Kritik am „Spiritualismus" gerade in der Theologik fällt, ist von der Struktur der Balthasar'schen Trilogie her einsichtig. Geist ist nie freischwebender Geist, sondern immer an das konkrete Christusereignis rückgebunden. Dazu: K. J. WALLNER, Ein trinitarisches Strukturprinzip in der Trilogie Hans Urs von Balthasars?, in: Theologie und Philosophie 71 (1996) 532-546. Ähnliche Kritik äußerte Balthasar auch in: Das betrachtende Gebet 113; an Augustinus in: Homo Creatus Est 232; auch in: Christlich meditieren 57 und 78.

36 Theologik 2,102.

37 Theologik 2,100; ebenso kritisch in: Katholische Meditation 30f.

38 Vgl. das 3. Kapitel in Christliche Meditation 57f., das die Haltung Mariens als Grundhaltung des Kontemplativen darstellt.

39 M. HORX, a. a. O. 121f.

40 Neue Klarstellungen, Einsiedeln 1979, 85f.

41 Vom immerwährenden Gebet, in: IkaZ Communio 4 (1975) 206-217, hier: 213f.

42 Neue Klarstellungen 90f.

43 Meditation als Verrat 267.

44 Meditation als Verrat 267: J. B. METZ: Zeit der Orden? Zur Mystik und Politik der Nachfolge, Freiburg-Basel-Wien 1977, 67.

45 N. B.: Balthasar bezeichnet in diesem Zusammenhang das Buch K. RAHNERS, Hörer des Wortes, als „schönstes Buch Rahners" (Theologik 2,107).

46 Katholisch. Aspekte des Mysteriums, Einsiedeln, 1975 Katholisch 53. Vgl. auch: Der Weg zum Quell 13: „In der neutestamentlichen Offenbarung ist der Mensch ... Gott gegenüber wesentlich empfangend!"

47 Katholische Meditation 31.

48 Das betrachtende Gebet 242.

49 Vgl. H. U. v. BALTHASAR, Gelebte Kirche. Bernanos, Einsiedeln-Trier 1988, 414-473.

50 Katholische Meditation 33.

51 Die Wahrheit ist symphonisch 25.

52 Pneuma und Institution 277.

53 Wer ist ein Christ 80.

54 Vgl. K. J. WALLNER, Gott als Eschaton 61-65.

55 Christlich meditieren 84

56 Du krönst das Jahr. Radiopredigten, Einsiedeln 1982, 32. – Konkret bedeutet das auch, dass die „Welt" durchaus in die Betrachtung einbezogen gehört, das hat keineswegs den Charakter einer Zerstreuung. Aber: Die Welt muss betrachtet werden „mit den Augen Gottes". „Nicht wie die Welt sich selber sieht, nicht einmal wie wir sie zu sehen pflegen, gehört in die Meditation – das wäre wirklich Zerstreuung–, sondern wie Gott sie sieht." (Christlich meditieren 84).

57 Glaubhaft ist nur Liebe, Einsiedeln 1975 (1963), 100. – Weil Gott ganz Gott ist und zugleich in Christus ganz Mensch ist, bedeutet Gebet immer „im Wort zu Gott und zur Welt antworten" (Vom immerwährenden Gebet 215).

58 Apokalypse. Prometheus. Studien zur Geschichte des deutschen Idealismus, 2. Auflage: Heidelberg 1947 (1937) 9.

59 Verbum Caro 188.

60 Einfältig 17; Theologik 2,85.

61 Das betrachtende Gebet 212.

62 Theologik 2,113.

63 Theologik 2,99.

64 Einleitung zu: Irenäus, Gott in Fleisch und Blut. Ein Durchblick in Texten, Einsiedeln 1981, 7-17, hier: 10.

65 Geist und Feuer. Ein Gespräch mit Hans Urs von Balthasar, geführt von M. Albus, in: Herder Korrespondenz 30 (1976) 72-82, hier: 73.

3. Kapitel
Die Erneuerung der Kirche aus der Eucharistie

1 Vgl. J.-P. TORRELL, Magister Thomas. Leben und Werk des Thomas von Aquin, Freiburg-Basel-Wien 1995, 302.

2 Vgl. F. COURTH, Die Sakramente. Ein Lehrbuch für Studium und Praxis der Theologie, Freiburg-Basel-Wien 1995, 144-226, dort auch weitere Literatur.

3 SC 10 (DH 4010: „Attamen Liturgia est culmen ad quod actio Ecclesiae tendit et simul fons unde omnis eius virtus emanat").

4 H. U. v. BALTHASAR, Verehrung des Allerheiligsten, in: Klarstellungen, Einsiedeln 1978, 111-116; ders., Mysterium Eucharistie, in: Neue Klarstellungen, Einsiedeln 1979, 66-74; vgl. auch: F. COURTH, Zur Theologie der eucharistischen Anbetung, in: Theologie und Glauben 71 (1981) 63-74 (Literatur!); J. AUER, Das Mysterium der Eucharistie, Kleine Katholische Dogmatik 6, Regensburg, 3. Auflage, 1980, 269-274.

5 K. RAHNER, Eucharistische Anbetung, in: Geist und Leben 54 (1981) 188-191.

6 PIUS XII., Mediator Dei 175: „Gestattet vor allem nie... dass die Kirchen zu den für den öffentlichen Gottesdienst nicht bestimmten Stunden geschlossen bleiben, wie es in bestimmten Gegenden schon aufgekommen ist, dass die Anbetung des allerheiligsten Altarsakramentes und die Besuche vor den Eucharistischen Tabernakeln vernachlässigt werden."

7 THOMAS nennt die Eucharistie das „Ziel aller Sakramente": S. th. III, qu. 73, ad 3.

8 C. VAGGAGINI, Theologie der Liturgie, Einsiedeln-Zürich-Köln 1959, 115.

9 Dazu gibt es in der jüngeren Zeit eine interessante Diskussion, die maßgeblich durch einen Aufsatz Balthasars angestoßen wurde: H. U. v. BALTHASAR, Die Messe, ein Opfer der Kirche?, in: ders., Spiritus Creator, Einsiedeln 1967, 166-217. Ders., Ein Opfer, das nichts kostet? Eine Anfrage, in: IkaZ Communio 14 (1985)236-241. Ders., Eucharistie – Gabe der Liebe, hrsg. v. Informationszentrum Berufe der Kirche, Freiburg i. Brsg. 1986. Ders., Das eucharistische Opfer, in: IkaZ Communio 14 (1985) 193-195. Dazu: G. BÄTZING, Die Eucharistie als Opfer der Kirche nach H. U. v. Balthasar, Einsiedeln 1986. Vgl. auch F. COURTH, Die Sakramente, 210f.; Th. SCHNEIDER, Deinen Tod verkünden wir. Gesammelte Studien zum erneuerten Eucharistieverständnis, Düsseldorf 1980, 209-259 (Literatur!).

10 Das TRIDENTINUM hat drei Dokumente verabschiedet, welche die Eucharistielehre betreffen: 1. 1551 das Dekret „De Ss. Eucharistia" (DH 1635-1661); 2. 1562 das Dekret über den Empfang der Kommunion unter beiden Gestalten und ihre Spendung an Kinder (DH 1725-1734.1760); 3. das Dekret über das Messopfer (DH 1738-1759).

11 Vgl. M. KUNZLER, Die Liturgie der Kirche, Paderborn 1995, 289-291 (Literatur!).

12 Z. B. SC 6 und 7 (DH 4006 und 4007). Man beachte die „Allgemeine Einführung in das Messbuch", wo gleichsam eine Apologie der Kontinuität zwischen tridentinischer Opfertheologie und 2. Vatikanum versucht wird.

13 DH 4410-4413. Vgl. G. HINTZEN, Die neuere Diskussion über die eucharistische Wandlung, Bern-Frankfurt 1976; J. WOHLMUTH, Nochmals: Transsubstantiation oder Transsignifikation?, in: ZKTh 97 (1975) 430-440.

14 NR 621-625.

15 JOHANNES PAUL II., Dominicae Cenae 11. Im selben Jahr erschien die Instruktion über die Eucharistie „Inestimabile Donum".

16 KKK 1322-1419.

17 CIC 1983 cann. 897-958.
18 DH 802.
19 DH 1651, zitiert in KKK 1374.
20 SC 7 (DH 4007) zählt die vielschichtigen Formen der Gegenwart Christi auf.
   – Schon Pius XII. hatte in der Enzyklika „Mediator Dei" die Komplexität der
   Vergegenwärtigung angedeutet, die sich nicht nur im Sakrament ereignet,
   sondern in der sakramentalen Handlung, also in der Liturgie: DH 3840.
21 Vgl. LG 1 (DH 4101: „Ecclesia... in Christo veluti sacramentum seu signum
   et instrumentum intimae cum Deo unionis totiusque generis humani unitatis...).
22 SC 7 (DH 4007). Dazu Mysterium Fidei 39 (DH 4412): „Die Gegenwart
   [Christi im Sakrament] wird nicht ausschlussweise ‚wirklich' genannt, als ob
   die anderen nicht ‚wirklich' seien, sondern vorzugsweise, weil sie substantiell
   ist; in ihr wird nämlich der ganze und unversehrte Christus, Gott und
   Mensch, gegenwärtig."
23 IRENÄUS, Adv. haereses 4,18,5; zitiert in KKK 1327.
24 Vgl. K. J. WALLNER, Licht aus einer anderen Welt. Argumente für die christliche Offenbarung, Wien 1997; Ders., Gott als Eschaton. Trinitarische Dramatik als Voraussetzung göttlicher Universalität bei Hans Urs von Balthasar,
   Heiligenkreuz 1992, 36-82.
25 H. U. v. BALTHASAR, Eucharistie – Gabe der Liebe, 9: „Gott ist es, der als Erster gestaltet!"; „Geschenke nimmt man sich nicht!". Der Aspekt, dass die Eucharistie die Theozentrik der Offenbarung und die Struktur der Inkarnation
   darstellt, wird in der Theologie zuwenig beachtet. Vgl. die theologiegeschicht-
   liche Darstellung bei A. GERKEN, Theologie der Eucharistie, München 1973.
26 TERTULLIAN, De carne Christi 5: „Natus est Dei filius, non pudet, quia pu-
   dendum est; et mortuus est Dei filius: prorsus credibile est, quia ineptum est;
   et sepultus resurrexit: certum est, quia impossibile!"
27 Vgl. L. SCHEFFCZYK, Die Frage nach der eucharistischen Wandlung, in: ders.,
   Glaube als Lebensinspiration, Einsiedeln 1980, 347-370.
28 DH 1643f., 1656.
29 K. RAHNER hat in seinem längeren Aufsatz „Wort und Eucharistie" (in: ders.,
   Schriften zur Theologie 4, Einsiedeln, 5. Auflage 1967, 313-355) die Eucharistie zu definieren versucht als höchste Aktualisationsstufe des Wortes
   Gottes in der Kirche. Man kann Rahner weiterführen, indem man die Eucharistie im selben Sinn als „verleiblichtes Wort" versteht, wie es der geschichtliche Jesus Christus ist. Die Qualität der Eucharistie liegt nicht darin,
   dass uns hier ein sinnfälliges Symbol für ein abstraktes Wortereignis vor
   Augen gestellt wird, sondern dass sich das „fleischgewordene Wort" nochmals sinnfälliger, nämlich sakramental vergegenwärtigt. Vgl. K. RAHNER,
   Die Gegenwart Christi im Sakrament des Herrenmahles, ebd. 357-385.
30 H. U. v. BALTHASAR, Eucharistie – Gabe der Liebe 11.
31 Der Satz findet sich erstmals in: K. RAHNER, Schriften zur Theologie 7, 22f.
   Zur korrekten Interpretation dieses Satzes vgl. B. J. HILBERATH, Karl Rahner.
   Gottgeheimnis Mensch, Mainz 1995, 216-221.
32 DH 802.

33 Vgl. zur jüngeren Diskussion K. RAHNER / A. HÄUSSLING, Die vielen Messen und das eine Opfer, Freiburg-Basel-Wien 1966; J. RATZINGER, Ist die Eucharistie ein Opfer? in: Concilium 3 (1967) 299-304; K. LEHMANN / E. SCHLINK (Hrsg.), Das Opfer Jesu Christi und seine Gegenwart in der Kirche, Freiburg-Göttingen 1983.

34 DH 1738-1759.

35 LG 3 (DH 4103). Vgl. DH 4153, 4573, 4722.

36 „Kafarnaismus" – Der Name leitet sich von der Brotrede in Joh 6 her, die von dem Mönch Paschasius Radbertus 853 in dinglich-naturalistischer Weise verstanden wurde, wodurch er den ersten Abendmahlstreit auslöste. Hingegen betonten damals schon Rhabanus Maurus († 856) und Ratramnus († 877), dass die Gegenwart des Herrn keine physisch-somatische ist, sondern eine sakramental-aktuelle. Vgl. B. NEUNHEUSER, Eucharistie in Mittelalter und Neuzeit, in: HDog IV/4b, 11-24; M. KUNZLER, Die Liturgie der Kirche, Paderborn 1995, 261-271.

37 Die Verlagerung von der Geistigkeit der Elevationsfrömmigkeit zum Naturalismus der bloßen Kommunionfrömmigkeit ist sicher eine der Ursachen der Krise des Eucharistieglaubens. Vgl. A. HEINZ, Schwerpunktverlagerung in der Messfrömmigkeit. Von der Elevations- zur Kommunionfrömmigkeit, in: Heiliger Dienst 36 (1982) 69-79.

38 JOHANNES PAUL II., Dominicae Cenae 3.

4. Kapitel
Die Heilige Kommunion und die Ganzhingabe

1 H. M. KÖSTER, „De Maria numquam satis": Wer fand, was bedeutet diese Formel?, in: Mater fidei et fidelium. Collected Essays to Honor Théodore Köhler…, in: MLS 17-23 (1987-1991) 617-632. ST. DE FIORES, Maria in der Geschichte von Theologie und Frömmigkeit, in: Handbuch der Marienkunde, hrsg. v. W. Beinert / H. Petri, Bd. 1: Regensburg 21996, 99-266 (Montfort: 197-202) FRANK DUFF, Dass Gott mehr geliebt werde! Geschichte der Legion Mariens. Aus verschiedenen seiner Schriften zusammengestellt von Andreas Seidl, Maria Roggendorf 2003. H. J. JÜNEMANN, Art. Grignion de Montfort, in: Marienlexikon, Bd. 3: St. Ottilien 1991, 28-29. LUDWIG-MARIA GRIGNION DE MONTFORT, Das goldene Buch der vollkommenen Hingabe an Jesus durch Maria, Freiburg / CH 1995. ANDREAS SEIDL (Hrsg.), Die Heilige Dreifaltigkeit und Maria, von Frank Duff, Wien 2004.

2 KONZIL VON TRIENT, Dekret über die heiligste Eucharistie, DH 1640.

3 KOMPENDIUM DES KATECHISMUS DER KATHOLISCHEN KIRCHE Nr. 292.

4 KONZIL VON TRIENT, Rechtfertigungsdekret von 1547, DH 1528.

5 KKK 1362.

6 „Es lässt sich belegen, dass aus der gesamten marianischen Literatur des 17. und 18. Jahrhunderts im Grunde nur zwei Werke über eine ganze Reihe von Ausgaben in vielen Sprachen den Weg bis in unsere Zeit gefunden haben: der so genannte ‚Traité de la vraie dévotion à la Ste. Vierge' des hl. Grignion

de Montfort und die ‚Herrlichkeiten Mariens' des hl. Alfons von Liguori. Diese Tatsache lässt sich nicht allein auf die Heiligkeit ihrer Verfasser zurückführen, ebenso wenig nur auf das Glaubensempfinden, das aus diesen Werken spricht, sondern auch – liest man sie in kulturgeschichtlicher Perspektive – auf die Begegnung von drei verschiedenen Kulturen (der barocken, der aufklärerischen und der volkstümlichen), die sich in diesen Büchern finden und die ihre Verfasser dazu angeregt haben, in ausgewogener Gestalt die grundlegenden Aspekte über Maria und ihre Verehrung zusammenzufassen." – ST. DE FIORES, Maria in der Geschichte von Theologie und Frömmigkeit, in: Handbuch der Marienkunde, hrsg. v. W. Beinert / H. Petri, Bd. 1: Regensburg 1996, 99-266 [Montfort: 197-202], hier: 197f.

7 JOHANNES PAUL II., Redemptoris Mater, Nr. 48.

8 FRANK DUFF, Dass Gott mehr geliebt werde. Die Geschichte der Legion Mariens, Maria Roggendorf 2003, 43-52.

9 FRANK DUFF, Dass Gott mehr geliebt werde, ebd., 49.

10 DAS OFFIZIELLE HANDBUCH DER LEGION MARIENS, veröffentlicht vom Concilium Legionis Mariae 1993, autorisierte deutsche Übersetzung: Horn 2001 (Zitiert als HB 2001).

11 HB 2001, 54.

12 HB 2001, 432-434 (Anhang 5).

13 LOUIS MARIE GRIGNION DE MONTFORT, Das goldene Buch der vollkommenen Hingabe an Jesus durch Maria, vollst. neu übers. und bearb. von H. J. Jünemann, 25 Aufl., Freiburg / CH: Kanisius-Verlag 1995 (Zitiert als: Goldenes Buch).

14 HB 2001,141.

15 HB 2001,219.

16 GOLDENES BUCH S. 376.

17 ADAM WIDENFELD, Monita salutaria B. V. Mariae ad cultores suos indiscretos, Köln 1673; vgl. dazu: HOFFER, La dévotion à Marie au déclin du XVIIe siècle. Autour du Jansénisme et des „Avis salutaires de la B. v. Marie à ses dévots indiscrets», Paris 1938.

18 H. J. JÜNEMANN, Art. Grignion de Montfort, in: Marienlexikon, Bd. 3: St. Ottilien 1991, 28-29, hier: 29.

19 H. M. KÖSTER, „De Maria numquam satis": Wer fand, was bedeutet diese Formel?, in: Mater fidei et fidelium. Collected Essays to Honor Théodore Köhler…, in: MLS 17-23 (1987-1991) 617-632.

20 ST. DE FIORES, a. a. O., in: Handbuch der Marienkunde 1,201.

21 J.-B. BLAIN, zitiert nach: Handbuch für Marienkunde 1,202.

22 H. J. JÜNEMANN, a. a. O., in: Marienlexikon 3,29.

23 H. J. JÜNEMANN, a. a. O., in: Marienlexikon 3,29.

24 H. J. JÜNEMANN, a. a. O., in: Marienlexikon 3,29.

25 2. VATIKANISCHES KONZIL, Lumen Gentium 58: „Auch die selige Jungfrau ging den Pilgerweg des Glaubens. Ihre Vereinigung mit dem Sohn hielt sie in Treue bis zum Kreuz, wo sie nicht ohne göttliche Absicht stand, heftig mit ihrem Eingeborenen litt und sich mit seinem Opfer in mütterlichem Geist verband, indem sie der Darbringung des Schlachtopfers, das sie geboren

hatte, liebevoll zustimmte. Und schließlich wurde sie von Christus selbst, als er am Kreuz starb, dem Jünger zur Mutter gegeben mit den Worten: ‚Frau, siehe, dein Sohn' (Joh 19, 26)" (zitiert in KKK 964; vgl. auch KKK 534, 618).

26 CIC 920; KKK 1385, vgl. 1457.

27 CIC can. 919.

28 2. VATIKANISCHES KONZIL, Lumen Gentium Nr. 61.

29 2. VATIKANISCHES KONZIL, Lumen Gentium 62.

30 ANDREAS SEIDL (Hrsg.), Die Heilige Dreifaltigkeit und Maria, von Frank Duff, Wien 2004.

5. Kapitel
Das Rosenkranzgebet ist ein Gebet der Kraft

1 MARIA ESCHBACH, Das weiße Kleid, Einsiedeln 1986, 67.

2 ROMANO GUARDINI, Der Rosenkranz Unserer Lieben Frau, Würzburg 1940; BENNO MIKOCKI / JOSEF BAUER, Der Rosenkranz. Rhythmus des Himmels, Augsburg 2005; ROMANO GUARDINI, Die Mutter des Herrn, Würzburg 1956; HANS URS VON BALTHASAR, Der Dreifache Kranz. Das Heil der Welt im Mariengebet, Einsiedeln 1977; ADRIAN SCHENKER, Gegrüßt seist Du, Maria. Sinn und Reichtum des Gebetes zur Muttergottes, Freiburg-Konstanz 1989; KARL JOSEPH KLINKHAMMER, Ein wunderbares Beten. So entstand der Rosenkranz, Leutesdorf 1980.

3 Zwei Erfahrungen dazu: 1. Eine amerikanische Internetseite, auf der man Rosenkranz beten kann, ist durchaus ein Renner unter den religiösen Hompages; 2. Mein Erlebnis auf einem ökumenischen Jugendlager zu Beginn des 21. Jahrhunderts war, dass sich während des Lobpreises plötzlich eine Gruppe katholischer Jugendlicher abseits im Kreis zusammensetzte: „Jetzt beten wir Rosenkranz!" Die Reaktion: allgemeines Interesse bei den Evangelischen, von denen dann auch einige mitbeteten.

4 A. HEINZ, Die Zisterzienser und die Anfänge des Rosenkranzes. Das bisher unveröffentlichte Zeugnis für den Leben-Jesu-Rosenkranz in einem Zisterzienserinnengebetbuch aus St. Thomas a. d. Kyll (um 1300), in: Analecta Cisterciensia 33 (1977) 262-318.

5 A. HEINZ, a. a. O. 263.

6 H. DÜNNINGER, Art. „Ave Maria", Marienlexikon I, St. Ottilien 1988, 309-311; hier: 310.

7 P. WIERTZ / H. DÜNNINGER, Art. „Ave Maria" II. Frömmigkeitsgeschichte, in: Marienlexikon I, St. Ottilien 1988, 311-313, hier: 312.

8 BERNHARD VON CLAIRVAUX, In laudibus Virginis Matris, Homilia 2,17 (Dt. Ausgabe Sämtliche Werke, ed. Winkler, Bd. IV., 75-77).

6. Kapitel
Die Familie als Abbild der Dreifaltigkeit

1 THOMAS VON AQUIN, Opusculum: De rationibus fidei contra Saracenos, Graecos et Armenos, proem. (949); zitiert nach G. Greshake, a. a. O., 14.

2 G. W. F. HEGEL, Vorlesungen über die Geschichte der Philosophie (= Theorie Werkausgabe) XVIII, 96; zitiert nach G. GRESHAKE, Der dreieine Gott, 225.

3 G. W. F. HEGEL, Philosophie der Religion, ed. Lasson, 200.

4 DH 1330: In Deo „omnia sunt unum, ubi non obviat relationis oppositio".

5 H. U. v. BALTHASAR, Theodramatik 2/1, 234: „Die hypostatischen Seinsweisen bilden gegenseitig die denkbar größte Opposition (sind somit füreinander uneinholbar), damit ihre denkbar intimste Durchdringung möglich wird."

6 Das Konzil von Florenz spricht davon, dass er aus dem Vater und dem Sohn „wie aus einem Prinzip durch eine einzige Hauchung hervorgeht": DH 1300.

7 H. U. v. BALTHASAR, Katholisch 46.

8 H. U. v. BALTHASAR, Spiritus Creator 115: Der Geist ist ein „personhaftes ,Wir' jenseits des Ich-Du von Vater und Sohn als Produkt der Einigung".

9 H. U. v. BALTHASAR, Theodramatik 4,79: Der Geist ist das „Je-einig-Sein von verschiedenen ,Standpunkten' her".

10 H. U. v. BALTHASAR, Spiritus Creator 158.

11 H. U. V. BALTHASAR, Klarstellungen. zur Prüfung der Geister, Einsiedeln 1978, 60.

12 2. VATIKANISCHES KONZIL, Lumen Gentium Nr. 11.

13 2. VATIKANISCHES KONZIL, Apostolicam Actuositatem Nr. 11.

14 Siehe auch die Darlegungen in Familiaris Consortio. Dort findet sich ein eigenes Kapitel mit dem Titel „Die Teilnahme der Familie am Leben und an der Sendung der Kirche" (Nr. 49-64).

15 2. VATIKANISCHES KONZIL, Lumen Gentium Nr. 1.

16 „Gott redet als Mensch" (Verbum Caro, Einsiedeln 1960, 73-99).

17 H. U. v. BALTHASAR, Der antirömische Affekt 113.

18 HDog 1,289.

19 DH 605-608.

20 DH 300-303.

21 Der bayrische Maler Gebhard Fugel (1863-1939) war auf christliche Motive spezialisiert und pflegte einen eindrucksvoll realistischen, von der Nazarenerschule beeinflussten Stil. Unter anderem schuf er 136 Gemälde zu biblischen Themen, die als Schau- und Wandbilder weiteste Verbreitung in Katechese und Schulunterricht fanden. Die Fugel-Bilder wurden auch zur Illustration vieler Schulbibelausgaben verwendet.

7. Kapitel
Wie kann ich das Unheilige an der Kirche ertragen?

1 H. de LUBAC, Credo. Gestalt und Lebendigkeit unseres Glaubensbekenntnisses, Einsiedeln 1975, bes. 157-176.

2 Vgl. K. RAHNER, „Ich glaube die Kirche", in: Schriften zur Theologie VII, 103-120.

3 2. VATIKANISCHES KONZIL, Lumen Gentium, Nr. 8.

4 2. VATIKANISCHES KONZIL, Lumen Gentium, Nr. 39.

5 2. VATIKANISCHES KONZIL, Lumen Gentium, Nr. 22.

6 Vgl. etwa den Schluss des 1. Hauptteiles der Pastoralkonstitution „Gaudium et Spes" Nr. 45. Dort heißt es u. a.: „Der Herr ist das Ziel der menschlichen Geschichte, der Punkt, auf den hin alle Bestrebungen der Geschichte und der Kultur konvergieren, der Mittelpunkt der Menschheit, die Freude aller Herzen und die Erfüllung aller Sehnsüchte..."

7 H. U. v. BALTHASAR, Casta Meretrix, in: Sponsa Verbi. Skizzen zur Theologie II, Einsiedeln 1961, 203-305.

8 KKK 827: „Alle Glieder der Kirche, auch ihre Amtsträger, müssen bekennen, dass sie Sünder sind. In allen wächst zwischen der guten Saat des Evangeliums bis zum Ende der Zeiten auch das Unkraut der Sünde."

9 Vgl. z. B. PAUL VI., Credo des Gottesvolkes Nr. 19: „Die Kirche ... lebt kein anderes Leben als das der Gnade. Wo die Glieder der Kirche ... aber dieses Leben preisgeben, verfallen sie der Sünde und Unordnung. Das aber behindert dann die Strahlkraft der Heiligkeit der Kirche. Darunter leidet sie und tut Buße für diese Sünden."

10 I. F. GÖRRES: in: W. Dirks / E. Stammler (Hrsg.) Warum ich in der Kirche bleibe? Zeitgenössische Antworten, 3. Auflage: München 1971, 56-66, hier 64.

11 Siehe die Feststellung des Schismas durch den Heiligen Stuhl: DH 4820-4823.

12 DH 3014.

13 2. VATIKANISCHES KONZIL, Dogmatische Konstitution über die Kirche „Lumen Gentium" Nr. 39.

14 Vgl. JOHANNES PAUL II., Die Schwelle der Hoffnung überschreiten, hrsg. v. V. Messori, Hamburg 1994, bes. 31-42.

15 THERESIA VON AVILA, Poesias 30.

16 Vgl. THOMAS VON AQUIN, Summa theologiae II/II q. 158 a. 1ff.

17 Vgl. Mt 21,12f; 11,20-24; 12,38f; 23; Mk 3,5.

18 AUGUSTINUS, Sermo 82,3-4: PL 38,507.

19 Mt 18,15; vgl. Lk 17,3; Lev 19,17.

20 Vgl. 1 Tim 5,20; 2 Tim 4,2; Tit 1,9.13; 2,15.

21 Vgl. K. FLEISCHMANN, Diener Gottes Jakob Kern O. Praem., Graz-Wien-Köln 1985.

22 ORIGENES, Homilia in Ezechielem 9,1.

23 Vgl. zu Bernanos: H. U. v. BALTHASAR, Gelebte Kirche. Bernanos, Einsiedeln-Trier 3. Auflage 1988, bes. 307-333 (hier: 321).

24 Vgl. REGULA BENEDICTI Kap. 58,7.
25 H. U. V. BALTHASAR, Klarstellungen. Zur Prüfung der Geister, Einsiedeln 1978, 189.
26 2. VATIKANISCHES KONZIL, Dekret über das Laienapostolat „Apostolicam actuositatem".
27 HIRTE DES HERMAS, Mandata X 2,6-3,1, zitiert nach H. v. Campenhausen, Christentum und Humor, in: Theologische Rundschau 27 (1961) 65-82, hier: 65.
28 Siehe S. 4. des Buches.
29 Vgl. 8. Kapitel der Konzilskonstitution über die Kirche „Lumen gentium". Vgl. Kommentar von G. L. MÜLLER unter Mitarbeit von K. J. WALLNER, Was bedeutet Maria uns Christen. Die Antwort des Konzils, Wien 1994.
30 GERTRUD VON LE FORT, Hymnen an die Kirche, 7. Auflage: München 1961, 15 (aus der 1. Hymne).